现代家庭
教育丛书

# 家长
## 教子125忌

刘荣才 邱贵珍　编著

广西科学技术出版社

**图书在版编目（CIP）数据**

家长教子 125 忌 / 刘荣才，邱贵珍编著. —南宁: 广西科学技术出版社，2012.8（2020.6 重印）

（现代家庭教育丛书）

ISBN 978-7-80565-351-8

Ⅰ. ①家… Ⅱ. ①刘…②邱… Ⅲ. ①家庭教育 Ⅳ. ① G78

中国版本图书馆 CIP 数据核字（2012）第 192512 号

现代家庭教育丛书

**家长教子125忌**
JIAZHANG JIAOZI 125 JI

刘荣才　邱贵珍　编著

| | | | |
|---|---|---|---|
| **责任编辑** 何杏华 | | **封面设计** 叁壹明道 | |
| **责任校对** 李文宇 | | **责任印制** 韦文印 | |

**出　版　人** 卢培钊

**出版发行** 广西科学技术出版社

　　　　　　（南宁市东葛路 66 号　邮政编码 530023）

**印　　　刷** 永清县晔盛亚胶印有限公司

　　　　　　（永清县工业区大良村西部　邮政编码 065600）

**开　　　本** 700mm×950mm　1/16

**印　　　张** 13

**字　　　数** 167 千字

**版次印次** 2020 年 6 月第 2 版第 6 次

**书　　　号** ISBN 978-7-80565-351-8

**定　　　价** 25.80 元

本书如有倒装缺页等问题，请与出版社联系调换。

# 前　言

刘荣才　邱贵珍

　　近十年来，随着改革开放的深入，我国的家庭教育已在城乡各地普遍地引起重视并取得了巨大的成绩。它对于培养"四有"新人起到了极为重要的推动作用。然而，我们也不能不清醒地看到，在有几千年的封建文化传统的我国家庭中，封建主义的家庭教育观念和方法的残余还相当严重地残存在人们的头脑中，而且一代一代地传给后人。加上十年文化大革命的浩劫和"读书无用"思潮的袭击及资产阶级自由化思想的泛滥，致使我国不少年轻父母不仅自身的文化素质差，而且又缺乏科学的教育子女的知识和方法而染上了种种家庭教育的幼稚病。这种幼稚病已经严重地危害着下一代的健康成长。这是一个十分令人担忧而又严重的社会问题。为此，国家教委和全国妇联先后于 1988 年和 1989 年召开了两次全国性的家庭教育研讨会，对于如何克服当前家庭教育中存在的种种问题和提高家庭教育水平进行了深入探讨。国家教委副主任柳斌同志于 1988 年 6 月 1 日在《家长报》上还撰文着重指出，解决种种家庭教育问题的关键，最重要的是要提高家长的教育素质。

　　毛泽东同志说："错误和挫折教训了我们，使我们变得更加聪明起来。"所以，我们在提高家长教育素质的时候，既要加强家长们对科学的心理学与教育理论的学习，又要从家庭教育实际的种种失误中吸取有益的教训。因为正确与错误就像小船上的两支桨，只有两支桨的正确配合才有可能使小船顺利地到达彼岸。从记忆心理学的角度讲，许多失误由于能引起紧张性情绪，往往更能引起人们的注意，留下深刻的印象，得到更大的启迪。常言所说"失败是成功之母"就是这个道理。我们就是秉着这种想法来编写《家长教子125忌》一书的。

孩子是一株娇嫩的幼芽。但他具有强大的生命力和极大的可塑性。伟大教育家洛克曾经把他比做"一张白纸"，可以在上面任意画上美丽的画图。这就告诉我们一条真理：正确的科学的家庭教育可以把孩子培育和塑造成为一个符合社会主义社会要求的、德才兼备的、身体健壮的新人；错误的不良的家庭教育则可能会玷污孩子天真纯洁的心灵，扼杀孩子的智慧之花，形成孩子畸形的人格特质，摧残孩子的健康，葬送孩子的前途，危害社会和国家。家庭教育幼稚病就属于错误的不良的家庭教育。从大量家庭教育幼稚病的病例看，家庭教育幼稚病大概可以分为两大类：一类是过分看重孩子娇嫩的特点，因此，采取溺爱、袒护、放纵、包办的态度来对待孩子；另一类则是过分看重孩子的生命力和可塑性强的特点。因此，采取种种高压、打骂等简单粗暴的态度和方法去对待孩子，这实际上是摧残孩子。从表面上看，这两种态度是完全不同的。但是，其实质和给孩子的教育所带来的危害则都是一样的。它们都有碍于孩子顺利地完成社会化的过程，不能使孩子健康地成长为一个合格的社会成员。

我们指出家庭教育中的幼稚病丝毫没有意思去否认我国家庭教育机体基本上是健康的一面。我们的目的完全是为了使我国的家庭教育能更加完善和健康地发展，并提高到一个新的水平。当前的家庭教育幼稚病如果得不到及时的医治，任其蔓延发展，的确可能侵蚀整个机体，会害己害人，祸国殃民。但是，只要我们能认真对付，它并不可怕，可以很快得到防治。治疗和预防家庭教育幼稚病的主要药方是：①加强父母自身的学习，不断提高自己的文化、教育思想、政治、道德等方面的修养，更新落后的陈腐的观念，树立科学的人才观，努力成为孩子学习的楷模；②掌握必要的儿童心理学与教育心理学的知识，了解孩子在不同年龄所具有的不同的生理和心理特点，有针对性地进行教育引导；③经常回忆自己的金色童年生活，用童心换童心，而不是以成人的标准去要求、衡量孩子的行为特征，做到能理解孩子，爱护孩子，引导和启迪孩子，不要动不动就打骂孩子；④特别要注意防止和克服对孩子的溺爱、袒护以及家长对孩子要求不一致的现象；⑤不论对哪个年龄的孩子，家长都应该以德、智、体、美、劳全面发展、和谐发展为目标，克服重智轻德、轻体的现象；⑥根据孩子的不同年龄阶段，提出切实可行的要求，既不能好高骛远、揠苗助长，又不能放任自流、任其自然。我们一定要用科学的态度和方法，把我们的下一代培养成为体格强壮、情操高尚、智慧超群的新一代。

# 目 录

# 第一编　家庭教育素质与教育观

# 1. 什么是现代父母对孩子应尽的责任

　　青海省果洛自治州大武镇的夏斐的妈妈吴玉霞在遗书中说："我喜欢他，我爱他，真正尽到了一个做母亲的责任。"这里给人们提出一个值得深思的问题。对孩子有了爱，孩子就可以成为自己理想中的人物吗？父母对孩子应尽的责任就是像吴玉霞这样的吗？显然不是！

　　父母对儿女的爱，尽管是纯真热烈的爱，但是父母所施于孩子的这种爱和孩子对这种爱的效应并不是等质、等量和同步的。这是因为：①父母对孩子爱的不同表现形式、不同的频率、深度及其特点会导致孩子心理上产生不同性质的效应。②父母的爱转化为自己对孩子的期望和教育孩子的方式方法时，又受父母自身的教育观念所调节控制。具有不同教育观念的父母，在其对子女的期望和教育方法上的不同，爱在孩子身上所产生的心理效应也有很大差别。③儿女是一个活生生的个体，有着自己特有的思想、情感、志趣和特性。他在接受父母的爱和教育时，也不是无条件的，而是根据自身的需要和特长加以审视、选择和吸收并作出适当反应。许多家长不了解爱的效应的复杂性，总认为自己是在爱孩子，为了孩子，孩子就应该理所当然地驯服地接受父母的要求和管教。这种一厢情愿、违背儿童生长规律的认识和做法便导致了今天这种怪现象：我们的社会从来都没有像现在的父母这样疼爱孩子。可是，也从来没有像现在的孩子这样拼命地反抗父母。家庭中的许多悲剧也就是在这种心理背景下导演出来的。因此，作为一个现代家长，正确认识"什么是现代父母对孩子应尽的责任"是教育好孩子的关键。

现代家长对孩子应尽的责任不应该是无节制、无约束、无惩罚地对待孩子的一切行为；而应该是既让孩子有自由发展的机会，又要给予必要的约束，把奖和惩正确地结合起来。

现在，独生子女的家长一般都对安全感的需要特别强烈。这是可以理解的。然而，由于这种异常心理，便导致对孩子的"百依百顺"、"有求必应"，不管孩子的需求是否合理都一概给予满足。这种溺爱娇惯的结果必然会使孩子形成任性、放纵、骄横、自私、冷漠、孤僻等不良人格。如果这些毛病又得不到及时矫正，他就可能发展到为所欲为、无法无天、胆大妄为的残暴行为。这些负效应在婴幼儿期往往不被家长重视或不易发觉。但是，到了青少年期，这些负效应得到充分发展和暴露时，家长再对孩子严加约束、节制、批评、惩罚已经很难见效了。此时，作父母的就会感到后悔莫及。所以溺爱是一种害。

现代父母对孩子应尽的责任并不是要以恐吓方式来管教打骂孩子，而应该是运用说服、诱导等教育方法使他们健康成长。所谓"不打不成材"、"棍棒底下出孝子"的传统教子观念在我国的家庭教育中根深蒂固，直到现在还有不少人把它奉为"教育法宝"。他们只看到打骂孩子的近期正效应，而忽视了打骂所带来的更为严重的潜伏的长期负效应。孩子越小，安全感的需要越强烈，越屈服于武力。他往往是以忍受"皮肉痛苦"去换取"心理安全"的满足。但是，这并不意味着孩子就完全信服、听从父母的管教，特别是那些不符合孩子意愿而强加给他的管教。在这种情况下，孩子就容易形成双重人格。当着父母的面是一套，背着父母的面又是一套。若是年龄稍大时的打骂，还会使父母与子女之间在感情上产生裂痕、对立，增加了孩子接受父母教育的心理障碍，而且会导致孩子形成撒谎、冷漠、孤僻、倔犟等不良人格特质。这对于他将来的学习、工作和生活都是极为不利的。对孩子的爱不完全都是在"严"字上，对孩子的严格要求并不等于要打骂、恐吓，而是要以情服子、以理服子，不要以力服子。这才是真正对孩子负责的表现。

# 2. 要从"为己教子"升华为"为国教子"

在一个宁静的夜晚，母子俩正在谈心，谈论的话题是母亲教育孩子要认真读书学习。母亲从十月怀胎谈到孩子出生后所经历的种种磨难和痛苦，谈到自己所希望得到而没有实现的种种憾事，最后，妈妈给孩子提出希望，要求孩子努力学习，为妈妈争口气。这种教育没有错。母亲通过情感纽带确实可以激励孩子的学习动力，使孩子以搞好学习的行动来报答妈妈的养育之恩。但是，仅停留在报恩这个水平上是不够的。严格说来，这种教子观仍然属于"为己教子"的范畴，可以说是封建伦理观念中"光宗耀祖"、"金榜题名"的残余在今天家长头脑中的反映。这种教子观与"为国教子"虽然有一字之差，但它们却反映了两种性质不同的教子观。"为己教子"是一种私有观念的产物，是单纯从家长和孩子的明天出发，在这种教子观指导下，孩子成为家长的私有财产。因此，家长和孩子都可能以"己"作为判断真理的标准和行为准则，排斥甚至抵制"与己无关"的事物。"为国教子"是在为了"祖国的明天"的前提下来考虑孩子的明天，是培养孩子具有将来能自立于社会的本领。一个孩子是不是有出息，要看他为祖国的建设方面作出了多大的贡献。所以，家长在教育子女要努力学习时，不能单纯从对子女的情感、爱护和一家之利出发，而要上升到为祖国培养跨世纪人才的高度来看。要把爱子的本性升华为强烈的社会责任感，把望子成龙的纯朴情感化为教子成材的实际行动。家长们只有完成了"为己教子"向"为国教子"的升华过程，家庭教育才真正有可能成为培养21世纪祖国建设人才的摇篮，把孩子培养成为有理想、有道德、有文化、有纪律的一代新人。

# 3. 要打破封闭型的家庭教育模式

有不少家长，对孩子的交往持否定态度，认为交往浪费时光和金钱，影响文化知识学习甚至升大学。所以只要孩子不上学，就不允许孩子进行正常的社交活动，哪怕是节假日也是如此。当孩子的同学或朋友（尤为是异性）到自己家里来玩时，往往持冷淡或不欢迎的态度。当自己的孩子想到同学家去玩玩时也受到家长的阻拦，甚至规定死孩子回家的时间。这种种限制，实际上是捆住了孩子的手脚，有意无意地切断了孩子与外界的交往和联系。这种做法不仅会加强孩子的逆反心理，加深"代沟"，而且对孩子的全面发展也是不利的。应该看到，集体活动和社会交往是孩子心理发展的重要基础。他们只有在各种类型的小伙伴和成年人中间生活和成长，才能更好地适应现代社会的要求和共同的行为方式，才能提高其适应和处理好各种人际关系的能力。儿童心理学的研究认为，孩子和同龄人交往的兴趣明显高于与成人的交往，他们更关心和重视同龄人对自己的评价，也能更自觉地对待同龄集团的规范、纪律和舆论，有助于孩子自我意识的发展。孩子之间的交往还可促进彼此相互了解、增进友谊、激发前进的动力，对于发展智慧和增长才干、提高观察能力、应变能力、自立能力和组织能力都是极为重要的途径。特别是独生子女家庭，由于没有兄弟姐妹之间的交往，假如再不注意社会交往，继续采用封闭式的教育方式，孩子任性、孤僻、自私、不合群、骄傲、倔犟等毛病很容易形成并难于得到矫正。这对于他成人后的学习、工作和生活都会带来严重的不良后果。所以，现代父母应该走出"关门教子"圈圈的束缚，变封闭式的家庭教育模式为开放式的家庭教育，使孩子成为一个真正能独立自主的创新的一代。

# 4. 克服家庭职能"单纯生活型"的倾向

在我们的周围经常可以碰到这样的家长，平时对孩子的学习不闻不问，一旦孩子出了什么问题时便严加惩罚。你问他为什么平时不注意管

教孩子，他便自以为有理地说，平时工作忙得很，回到家里还要做家务，哪有时间去管孩子呢？这说明，这些家长对于家庭职能的认识还停留在过去单纯生活功能的水平，没有深刻地认识到现代家庭是重要的教育单位。"家长的行业是教育子女"（马克思语），家庭是孩子的第一所学校，父母则是孩子的第一任老师。由于父母与子女有着血缘和经济关系，父母与孩子接触最早、频率最高、时间最长、机会最多，所以影响最大。这是其他教育所不能取代的功能，随着社会的进步和科技的发展，家庭的生活职能逐步减弱并社会化，而教育功能则越来越显得重要。做父母的如果能从家庭职能的高度来认识孩子的教育问题，就自然会成为一个教育孩子的有心人，在家庭生活的各个方面时时刻刻都可以发现许多教育孩子的因素可利用。这样也就不会产生没有时间和精力去教育孩子的思想包袱了。所以，要教育好孩子，一定要把教育孩子作为家庭职能之首来对待。

# 5. 孩子到了上学以后再管教真的不晚吗

1988 年 6 月，在北京召开的全国首届家庭教育研讨会的小组会上，有一位过去是模范教师、现在是工程师的同志说："我过去一直认为孩子小的时候不必管教，到上学后再管教也不晚。可是，无情的事实却教训了我。我的两个孩子由于从小听其自然、任其发展，结果在小时候形成的许多不良行为和习惯，到了上学以后我想管、要管，却无法管了。现在，我感到非常后悔。"这是一位过来人的肺腑之言和忏悔之音。然而，对于现在一些年轻父母来说，却不一定真正能接受这宝贵的教训。

不是吗？有的父母认为孩子小，不懂事，管也没有用，到长大时自然会懂事的。他们对孩子成材抱着一种盲目自信的心理让他自然成熟，而不知道"树大不一定能直"。有的家长认为孩子年幼、管多了很可怜，做父母的心里也不好受。他们对孩子成材抱一种怜悯心理，生怕孩子受到了一点管教和委屈而有求必应。还有的家长则忙于自己的事业和工作，而放弃了对孩子的管教。他们对孩子的成材抱一种听天由命的自慰心理，以满足自身眼前的心理欲求为乐，让孩子自生自灭。在这种种类型的家长中都有一个共同点，就是都没有认识到孩子小时候管教得好坏对他以后一生的发展所起的重要作用。这些都是当前家庭教育中孩子成材观的自然成熟论的种种表现。

常言说："三岁看大，七岁看老。"这句话虽然有绝对化之嫌，但它却是人们长期以来的家庭教育经验之概括。它在一定程度上反映了一个人成长过程各个阶段的特点。在现实生活中也可以找到许多生动的例证。孩子越小，可塑性越大。他确似一张白纸，可以任你画上哪种图案。但是，一经你在这张白纸上画了图案后再要另行改画就困难了。孩子的教育就是如此。一旦在小时候形成了不良的行为习惯和个性，到长大后再要改造过来就艰巨复杂得多了，人们对社会上的失足青少年不十分放心，当然不好。但是它正说明改造工作比塑造工作难上十倍。现在的独生子女中出现的一些不良现象已告示人们，如果现代家长还是只重智不重德，不认识和重视儿童早期的管教，而是让孩子任性放纵地发展，当家长在人到中年之时，就悔之晚矣！

# 6. "自由"与"约束"的心理效应

现代家庭教育中的一个重大失误就在于不少家长不能正确地认识孩子教育中的"自由"与"约束"所产生的不同的心理效应，因而不能恰当地控制孩子行为的自由度，而导致孩子人格的严重偏异的状态。这些家长往往是从纯真的爱开始，以悔恨的心理告终。

有一类家长总认为孩子年龄小，长大了再管教也不晚。他们特别怕孩子哭闹和撒泼。年龄小的孩子一般都是以"快乐"原则作为是非好坏的准则。所以，当孩子的某些要求或行为受到大人的限制或约束时，不可避免地都会产生一种不愉快的情绪体验。因此表现为不是哭闹，就是撒泼。他想用这种方法来博得大人的同情，获得个人愿望的满足。心地慈善的家长看到孩子的这番"可怜景象"时，一方面不忍心让孩子继续"伤心"哭下去；另一方面又担心孩子因此而生病影响健康。所以只得让步，以满足孩子的任何要求，让其为所欲为。孩子一旦掌握了对付家长的这种办法后，就达到了"自由"境界了。另一类家长认为，对孩子就应该让其自由发展，不应给予任何限制和约束，否则就会影响孩子个性的自由发展。因此，孩子要什么就给什么，孩子想做什么就让他做什么，不给任何引导和约束。这两类家长的心理状态虽然不同，但是，他们对孩子所采取的放任态度都是一致的。他们只看到孩子的"自由"可以满足其自身的需求，有利于情绪的暂时稳定和心理的短暂平衡，但是，他们却没有看到任其自由的背后所潜伏的危险问题：①长期的放任自流必然形成自我中心主义的人格特质，以自己的利害关系作为衡量一切的标准，形成只顾自己不顾别人的心理倾向，严重缺乏分享精神和利他行为；②一个人的任何需求经常都能得到满足，一切行动都不受他人的干预，在他生活道路上从来没有经受过什么挫折，当然就不知道要控制自己的行为，不可能形成承受挫折的心理能力。所以，一旦受到了一些挫折，就会感到是莫大的痛苦而难于忍受，出现严重的激情或人格的变态。可见，让孩子绝对自由并非都是好的。它也可能给孩子的人格发展带来严重的不良负效应。

另一方面，有不少家长对于给孩子的行为适当的约束也感到"过意不去"，把对孩子的一些不合理的行为的约束和限制看做是给孩子"受罪"、让孩子"造孽"。但是，他不知道，孩子的年龄越小，他的本能冲动和需求就越强烈。家长的重大责任之一就是逐渐消除孩子的这些动物性本能并养成社会成员所具有的人的社会性品质。在这个"消除"和"养成"的过程中，靠的就是对孩子行为的必要约束和限制。否则，孩子就不可能学会如何自己控制自己的行为，形成必要的受挫心理准备和自控能力。任何一个人在生活道路上都不可能不受任何挫折。如果一个人严重缺乏自控能力和承受挫折的心理准备，一旦生活中出现了挫折，他就会茫然不知所措而陷入绝境。可见，对孩子的行为给予必要的限制和约束并非一件坏事，而是一件好事。它可以促使孩子更快地从自然人转变为社会人。人与动物最大的本质区别之一就是人有意识。人能用理智去控制自己的行为，限制和削弱甚至消除自己的动物性冲动行为，这样才算是一个合格的社会成员。

所以，父母在教育孩子时，应该看到"自由"与"约束"所产生的正与负的各种不同的心理效应。家长在儿童人格训练中，既要给孩子合理的自由活动的权力，又要对孩子的不合理的行为给予必要的约束和限制。只有把"自由"与"约束"恰当地配合使用，才能使孩子养成健康人格，为祖国为人类作出自己的贡献。

# 7. 苦与乐、爱与恨的相互转化

　　现在的年轻父母虽然没有饱尝旧社会的苦难，但是，他们却经历了文化大革命的十年浩劫。因此，他们在不同程度上都有一种"失落感"在困扰着自己的生活。一旦当自己做了父母，这种"失落感"就转化为一种强烈的补偿心理，表现在对自己的孩子显得格外的疼爱。他们认为过去自己受苦受累太多，失去的东西也太多。今天就不应该让孩子去吃苦了，而应该让孩子能尽情地得到物质上的享受和精神上的快乐，以弥补自己过去心理上的缺失。这是当前独生子女家长中普遍存在的一种变态心理。

　　一般说来，做父母的都希望自己的子女过上比自己童年更好的生活。有条件吃好点、穿好点，这是人之常情，无可非议的。但是，人们却忽略了另一个更为重要的问题，就是孩子是在生活过程中得到发展的。每个人的物质生活的特点却又时时刻刻潜移默化地在造就着一个人的人格特点。我们可以在很多历史的和现实的事例中看到，物质生活和精神生活中的苦与乐、家长对于孩子的爱与恨是在一定条件下相互转化的。有人曾经对现在大学生中的城市与农村这两大社区文化背景和不同生活条件下的大学生在学习成绩与学习动机上进行了比较分析。结果认为，农村来的大学生在学习成绩和学习动机水平方面在总体上比城市大学生高。其主要原因之一是农村的大学生都有自己的劳动经历，生活条件也较差，亲身体验到苦是什么滋味。因此，他们向往和追求过更好生活的愿望特别强烈。但是，他们不能靠父母，唯一的出路是靠自己去努力奋斗。而城市来的大学生一般生活条件比较优裕，没有劳动的体验，不懂得苦是什么滋味。在这种生活环境下便自然会形成有困难就靠父母去解决的依赖心理，较少地认识到要自己去克服某种困难，也没有更高的追求。因此，在这两种不同水平的动机驱使下，就出现了两者在学习成绩上的差异。这些童年期物质生活条件较苦的学生，在今天更可能体验到精神上的快乐。那些过去物质生活条件较优裕的学生，在今天却有可能感到精神上的压力与痛苦。这就是物质和精神上的苦与乐在一定条件下相互转化的结果。南京市的王林，在童年时代，父母给他物质生活再丰富不过了，可算得上是其乐无穷。然而，王林在这个乐的物质生活中所孕育出来的痛苦心理越来越严重，最后达到了绝望境界，残暴地把自己亲生父母杀死了。这种惨痛教训难道还不令人深省吗？王林的父母对他是十分疼爱的，但是随着生活的进程，这种爱却转化为恨，恨孩子"不争气"、"没出息"。他们哪里会料想到自己所构造的这个爱的海洋，不仅溺死了自己的孩子，连自己也被它所吞没了。我们的独生子女家长真的还要继续走王林父母的这条老路吗？回答当然是否定的。

这里提出苦与乐、爱与恨相互转化的问题，并不是要孩子们再过自己的爷爷奶奶那样的苦难的生活，而是要家长理智地去爱孩子，不要把孩子引导到追求物质生活享受的道路上去，让孩子从小就懂得一点什么是困难和艰苦，并学会如何去克服困难，用自己的双手去创造美好的未来，而不是靠别人的恩赐和施舍。如果孩子小时候只知道乐不知道苦，将来长大了对于一点点"苦"就可能受不了，难于适应社会生活的要求。如果孩子小时候能懂得一点艰难困苦，从中磨练意志，将来就能较好地适应社会要求，并更能体验到生活的乐趣。

对于独生子女的家长来说，不能把物质生活看做是单纯的享受与快乐，而应该把它看做是塑造孩子灵魂的工具，正确地发挥它教育孩子的效能。这样的爱才是永恒的爱，而不至于中途使自己转化为恨和失望。如果我们的独生子女家长现在不清醒地认识到这一点，继续盲目地溺爱孩子，只讲求物质生活的享受与快乐，把孩子培养成"小皇帝"、"小公主"，将来会悔恨终身，痛苦一世！

# 8. 要努力建设健康的家庭文化生活

家庭生活是丰富多彩的。健康的家庭文化生活，不仅可以调节人的情绪，有利于健康，而且又是一项潜移默化的审美教育过程。对于孩子来说更是一个教育培养的过程。现在，电视机、录像机、收录机已进入了千家万户。它们成了家庭生活中的重要内容，无疑对于提高人民的文化素质和高尚情操可以起到积极作用。但是，也不能不看到，由于社会不良风气的污染，家庭文化生活中也出现了一些不健康的现象。例如，有的家庭传看黄色录像、听黄色录音和看黄色小说，有的在家里举办不健康的家庭舞会、宴会，有的家庭天天晚上用打麻将、打扑克的形式赌博，有的家长不仅自己打麻将，而且还把孩子也拉到麻将台上。这些家庭文化生活不仅腐蚀了自己和孩子的心灵，而且也污染了周围的社区文化环境，使一些邻居及其孩子受害。应该承认，不同职业和不同文化程度的家长，对于家庭文化生活的需要和爱好是不同的，但是，遵循健康原则是应该一致的。目前，在多数家庭里，家长关心的几乎是孩子的成绩分数，很少自觉主动地关心孩子的文化生活。对于孩子究竟需要看些什么报纸杂志、文艺小说或电影、电视、录像、音乐、舞蹈并不了解，也不关心。因此，也就无法正确指导孩子有健康而丰富的文化生活。有的家长由于工作的特殊需要或夫妻生活的需要而看的一些必要的书刊，往往也随手乱放，使识别能力不高而好奇心强的孩子得到阅读机会，受到一些不良影响。有的家长自己就有一些不良嗜好和作风，也成为文化因素而影响着孩子健康成长。所以，我们每个家庭都应该重视建设健康的文化生活。什么是健康的家庭文化生活呢？凡是对孩子身心发展和人格发展有益的文化生活都是健康的。例如，选择一些集知识性、趣味性、娱乐性、教育性融于一体的电视、电影、录像给他们看，让孩子下下棋、打打球、做做游戏，订购一些能激发其想象、丰富其知识、培养其智力和良好人格、品德的报刊和书籍等。家长要尽量减少或根除消极的信息和家庭不良文化环境对孩子的影响。与此同时，家长要通过各种适当的方式去教育孩子，不断增强孩子的精神免疫力，以抵制社会上的各种诱惑和精神污染。

# 9. 家长"心理保险系数"的正负值

"一对夫妇只生一个孩子"是我国现阶段的一项基本国策。然而，由于我国传统文化的某些消极影响，这项人口政策在贯彻过程中碰到了重重障碍和阻力。其中的重要阻力之一是来自家长的落后的传统生育观念和"心理保险系数"下降而导致的生育行为障碍。因此，剖析一下家长"心理保险系数"的正负值问题，对于促进家长生育观念的变革和贯彻我国的人口政策以及搞好科学育人是有好处的。

我们询问调查了不少城市和农村的家长，他们不愿意只生一个孩子的重要理由之一就是"一个孩子不保险"。家长的这种心理状态，一方面反映了我国传统的生育观（如传宗接代、养儿防老等）在他们的头脑中还占有重要地位；另一方面也说明他们对于"孩子的保险系数"（家长心理安全系数）的认识有一定的片面性。而这种片面性必然导致家长产生紧张、恐惧、害怕心理，在教育子女时自然会出现溺爱、放纵的行为了。这就说明，纠正"对孩子的保险系数"（家长心理安全系数）的认识，不仅是一个实际问题，而且又是一个理论问题。我们应作为一个综合性课题去加以研究和解决。

在社会生产力落后的封闭社会中，人们自然会较多地从"孩子的量"方面去理解"保险系数"，而未能更多地从"孩子的质"方面去思考"保险系数"的正负值。因此，便形成了"儿孙满堂"、"多子多福"的家庭结构观。在封建社会的长河中，这一观念又转化为根深蒂固的中国文化传统观念（百分之百的保险系数或家长心理安全系数）而深深烙在人们的脑海里。可是，现在提倡"独生"的家庭结构就给传统家庭结构观念带来了严重的冲击，而首当其冲的就是"家长保险系数"的问题。家长心理保险系数的下降就导致了贯彻"独生"政策的种种行为障碍。由于我们的宣传工作和计划生育工作又过分地强调控制人口量，而对人口的质却相对地忽视。这就从客观上强化了人们长期以来"重量轻质"、"广种薄收"的传统人口观念。因此，不少家长自然就难于接受和理解"独生"的政策了。

其实，随着世界科学技术的迅速发展，人们生活水平的提高和生活方式的转变，人们不仅在生育观方面起了变化，而且对于人口生产的质的重视程度也大大提高了。过去是强调"以量胜质"，现在却要求"以质取胜"，在控制人口数量的同时必须提高人口质量。据研究认为，在我国当前的历史条件下，一对夫妇只生一个孩子有可能使我国的人口质量更高。人们对于独生家庭在孩子成长中的利弊分析中说明，独生家庭对孩子的健康成长的利大于弊。而且这些弊端也并不是不可避免的，可以采用其他教育措施加以弥补。所以，作为现代家长在考虑生育孩子时，不能仅仅以保险系数的正值大小来考虑，更应该重视保险系数的性质——正负值。这个问题，也许现在的年轻家长难于理解。但是，人到中年儿女不成器时理解了却悔之晚矣！

也许有的同志会问，既然独生家庭利大于弊，为什么现在的独生子女出了这么多"小皇帝"、"小公主"呢？造成这种现象的因素是极为复杂的。但是，据我们的研究认为，最重要、最直接的因素是家庭教育素质差。主要的例证有三：①现在国外的独生子女并没有出现像我们国家这么多的"小皇帝"、"小公主"，并没有成为重大的社会问题而引起人们的焦虑。②在我国过去和现在都有相当大部分独生子女能健康成长、成为优秀学生和人才。③过去和现在也都有不少非独生子女未能按社会要求的方向发展，成为社会的阻力或破坏者。这些事实说明，孩子健康成长的基本条件不取决于是否独生这个家庭结构，而主要取决于家庭教育素质是否良好。独生家庭由于家长在教育孩子方面的时间较充裕，这就从客观上保证了家长不仅能有条件去提高自身的教育水平，而且也会有更多的精力去培育孩子。这对社会和国家、对家庭和孩子个人的发展都是极为有利的。所以作为现代家长，在考虑孩子的保险系数时，不要只顾保险系数的正值大小，应该更加重视保险系数的正负值的双重性质的作用。

当然，要使家长在心理保险系数的认识上起一个质变，还得靠国家和社会提供各种优化条件（如科学的优生和卫生保健措施、正确的儿童早期教育、良好的社会文化环境等）。这样才有可能强化家长们的这一转变并逐步成为科学的生育观的组成部分而体现在自己的育儿实践活动中。

# 10. 要摆正家长与孩子的位置

有位天真烂漫的小孩告诉我们说："我爸爸妈妈最喜欢我了。他们经常说，小宝贝，好乖乖，你可要吃好穿暖，不要生病了。如果没有了你，我们就活不下去了。爸爸妈妈最需要的就是我。"这话看起来并不错。爱子之心人皆有之，孩子是夫妻爱情的结晶，是父母的希望。孩子的健康成长是父母生活中的一个极大的精神支柱。所以没有哪个父母不疼爱自己的孩子。也正是这样，有许多父母为了孩子的健康成长而献出了自己的血液、肝脏、肾脏和睾丸等等。可以说，父母儿女情是世界上最纯真、最无私和最伟大的情感。但是在这个情感纽带的天平上，却含有一个极为重要而又不为父母所重视的教育——心理法码在左右孩子的健康成长。如果父母把孩子当做是"小太阳"、全家人活动的轴心，孩子就可能逐渐意识到并认为"爸爸妈妈少了我就活不成，我的活着就是对父母的'恩典'"。假如孩子形成了这个观念，掌握了父母的这种心态，他就会以自己的活着作为满足自己要求的"资本"。一旦自己的欲望没有得到满足时，他就可能以不吃、不喝、不穿、不睡、又哭又闹等撒泼"不活"的手段来征服父母，获得父母的妥协。长此以往，最后必然导致孩子形成一些不良的个性品质。可见，疼爱孩子时，千万不要把他奉为"小太阳"，使他处于一种特殊地位，形成一种特权心态。相反地，应该通过家庭生活中的种种教育影响，使孩子深切地感受到，"父母亲是我的恩人，他们用自己的心血养育了我，也是我最需要的人，没有他们，就没有我。"也许有人认为，父母养育孩子是天经地义的事，宪法也明文规定为父母的义务。孩子没有父母，当然难于活下去。这种说法，只看到了经济上的依赖关系和生理的安全保护关系，而没有认识到在它们的后面还潜存着一种心理依存关系。这种心理依存关系只起着一种个性发展的导向作用——"法码效应"。只有当孩子与父母的这种关系升华为个人与集体的依存关系时，纯朴的母子情才能升华为高尚的道德情感。孩子只有在小时候懂得了这种依从关系，长大了才能摆正自己与集体的关系，懂得自己在集体中的位置，形成对家庭、集体、国家和社会的义务感和责任感。还需要注意的一点是，我们这里说的要摆正家长与孩子的位置，不要形成孩子是"小太阳"的观念，并不意味着在教育孩子时要维护封建家长式的教育，不要采取民主平等的态度。恰恰相反，我们只有采用民主平等的教养方式，摆正家长与孩子在家庭生活中的位置，才能真正使孩子懂得他对父母的心理依存关系，形成一种"负债感"，知恩报德，以善报善，形成关心、同情、热爱和帮助父母的良好品质，将来以创造性的劳动去报效祖国。

# 11. 己不正，焉能正儿

常言说："有其父必有其子。"这说明家长对子女的影响之大。儿童心理学的研究也认为，孩子将来究竟向什么方向发展，孩子的是非观念、道德标准如何，受父母的影响最大。有位父亲是某工厂的一位电工，不仅经常把工厂里的一些零件拿回家来组装一些电器，而且还私自做一些地下生意。为此他经常到医院去骗取"病假条"，请假不上班。当工厂领导到家里来看望他时，他的妻子不是说他到医院去看病，就是说他到什么地方去散散心了。被金钱迷住了眼睛的家长所编造的谎言给孩子幼小的心田埋下了说谎的祸根。这笔政治账是无法以经济和金钱来弥补的。因为小孩对父母的这种撒谎行为会看在眼里、记在心上，慢慢地自然就学会了他父亲的这套"本领"，养成了撒谎和偷东西的坏毛病。一天，孩子偷了同学的一枝铅笔。回到家里后，当父亲问他这枝铅笔是哪里来的时，孩子说是路上捡到的。又有一次，小孩在小摊上看到一个他很喜欢的小玩具。但是他没有钱买，便趁买东西的小朋友多而小摊主不注意的时候偷了回来。爸爸见此玩具就追问他玩具是哪里来的。孩子便说是一个小朋友送给他的。父亲也就轻易地相信了孩子这个有破绽的谎言。可见，孩子的撒谎不能不说是受到了家长的影响。由于孩子多次撒谎都混过去了，偷东西的胆子也越来越大，最后成为小偷。当他正在作案时，被人抓住打得半死不活，而且还被送进了公安局。可是，做父亲的万万没有预料到，是自己把孩子引到小偷的路上去的。家长自身要求不严格，喜欢贪小便宜或有说谎行为，往往会给孩子的思想品德发展带来不良影响。常言说："己不正，焉能正人。"就是这个道理。要使自己的孩子将来长大成为一个有道德的、有益于社会的好人，首先自己就要成为一个道德情操高尚的人。

# 12. 孩子的教育仅仅是哄孩子吗

我国长期以来有句俗话："家有三斗粮，不当孩子王。"这句话不仅说明我国"孩子王"的经济收入微薄，更重要的是说明我国的"孩子王"的社会地位低下，被人瞧不起，而且是谁都可以干的工作。许多家长就是本着"哄孩子"的观念来对待孩子，所以难于把孩子教育好。社会上更是如此，直到现在，托儿所的"孩子王"不是年过半百的老太婆，便是年轻的文盲半文盲姑娘。幼儿园教师也大体相同。以武汉市教育科研所 1987 年的调查结果为例，1987 年武汉市在编幼儿教师 5561 人。其中幼师毕业的只有 989 人，占 17.6%；没有经过任何专业训练的有 2340 人，占 42%；完全不能胜任工作的有 953 人，占 17.1%。这个数字有力地说明，我们现在的决策部门仍严重地保留着"家有三斗粮，不当孩子王"的这种陈腐落后的儿童教育观念。

然而，在国外，不论是欧美国家，还是文化传统与我国相近的邻邦日本，他们都把幼教事业看做是一项光荣而崇高的职业，把它放在国民经济建设和教育发展之首，许多大学毕业生还要经过一定时期的专业训练才有资格被聘任为幼儿教师。事实也是如此，一位颇受大学生欢迎的教授，不一定能上好小学或幼儿园的一节作文课或组织好一次活动。有许多家长都深切地体会到，孩子的教育是一门高深的学问，并非什么人随便都可以搞好的。

为什么同是幼教事业，而在我国社会中却会出现与外国截然不同的看法呢？我们认为主要是：①我国的文化教育水平太落后，特别是根深蒂固的小生产者的"近视观念"在国家管理层中还相当严重，因而未能像他国那样把幼教事业放在整个社会发展的战略高度来认识和对待；②不能正确地认识和处理物质生产与人才培养的辩证关系，而过分强调近期的物质生产，技术的物化，忽视人才培养在整个经济建设中，特别是在技术发展中的主导地位；③对于人才的培养只重视高等教育，而忽视基础教育特别是幼儿教育，不认识人才大厦的墙基是幼教，提高全民族素质要从幼儿开始；④由于上述原因，导致认为孩子的教育只不过是哄哄孩子，是什么人都可以干的事。当然就不可能把幼儿教育看做是一门科学和艺术、是一项复杂而艰巨的工程。这就是当前我国幼教事业落后的重要原因。因此，为 21 世纪的建设准备人才，就要重视发展幼教事业，教育好孩子；而首先必须是家长自身要转变旧观念。当然，只有在全社会转变对"孩子王"的认识，良好的家庭教育才有保障。每个家长都应该把教育孩子看做是"哄孩子"和"容易得很"的落后观念转变为幼教是一门科学和艺术，而且是一项艰苦的劳动的观念。如果我们没有完成这种观念的转变而导致的政策的改革，幼教事业的发展、教育好孩子的要求、为 21 世纪的经济建设准备大量人才的规划是难于实现的。

# 13. 为啥教师难教自家儿

一般说来，家长们都很尊敬教师和崇拜教育家。因为他们都有为了孩子们的进步而呕心沥血的高尚品质和高深的理论修养。令人不解的是，为什么有些教师和教育家能教育好学生却不能教育好自己的孩子呢？这是涉及一个非常复杂而又微妙的孩子观与教育态度以及方法的转变问题。

一般说来，有了好的教育理论才有可能出现好的教育实践和成果。然而，教育理论要转化为教育成果，还要通过教育的态度、手段和方法等各种中介因素的作用。如果这些中介因素是积极的，这种转化就迅速而顺利；如果这些中介因素都是消极的，它就可能使这种转化延迟甚至起到性质不同的转化。而有些教师和教育家所以教不好自己的孩子，正是在这个中介环节上出了毛病，而导致孩子向消极方面发展。这些消极的中介因素主要有：①这些教师和教育家的头脑中还残存着"孩子私有"的狭隘观念，把孩子看做是自己的私物；没有把孩子看做是社会的一员、人类的后代而平等相待。这种旧的"孩子私有观"是导致教育孩子的态度与方法不当的根本原因。②由于血缘关系，长辈对后辈总是产生过高的期望，提出不切实际的要求。因此，家长对孩子往往是看优点少、看缺点多，表扬少、批评多。长期如此就可能形成两辈人之间情感上的隔阂，导致孩子缺乏自信、自尊和进取精神。③在"孩子私有"的观念和封建家长式的作风支配下，家长对孩子总是采用命令式的方法布置任务和要求，在教育方法上不像对待学生一样耐心地进行说理教育，认为自己的孩子打一下骂一下也不要紧。在父母看来，打和骂都是为了孩子好。似乎认为采用这种简单粗暴的教育方法是理所当然的。然而对孩子来说，是对他人格的不尊重，会伤害他的自尊心。从而使孩子产生对立情绪和种种心理障碍，难于接受父母的教育，哪怕是正确的规劝有时也难于接受。④教师和教育家也不是圣人、完美无缺，他们的一些毛病在家庭生活中往往比在学生面前容易表现出来。而孩子对父母的这些毛病却很敏感。一旦当孩子发现父母身上的毛病时，父母的教育权威便迅速下降，从而削弱或抵销了父母对孩子的教育影响。家长一旦发现孩子不接受自己的意见时，家长有可能失去信心、放弃教育的机会。⑤孩子在父母的眼里，他永远是个孩子。既然是一个孩子，父母就得百般照顾，甚至仍然像对3岁小孩一样包办一切。可是，孩子随着年龄的增长，独立自主意识的发展，出现了强烈的"成人感"。他对父母仍然把他当孩子看待表示极大的不满和反感。而同龄伙伴的吸引力在这时期却越来越大。在这个时候，孩子若得不到家庭的正确疏导，就可能被社会风气和同龄伙伴中的一些不良现象所诱惑而偏离正确的发展方向。可见，家长要教育好自己的孩子，首先要转变自己的"孩子私有观"和树立教育孩子的正确态度和掌握科学的方法，把孩子作为一个独立自主的社会成员平等相待，进行耐心的说理教育。父母对孩子的爱应该是让孩子能独立自主的爱，而不是其他过度的爱。要做到爱而不溺，管而不死。

# 14. 当父母的不能一个唱红脸，一个唱白脸

　　小丹长得聪明伶俐、活泼可爱。全家人对他赞不绝口。外婆对他更加视为心头肉。小丹过的是饭来张口、衣来伸手的生活。他拣好的吃，挑漂亮的穿。他还能看出父母爱面子怕丢人的心理。因此，他经常向父母提出一些不合理的要求。加上外婆又为小丹说情开脱，父母也都一一听从了小丹。小丹这棵幼苗便渐渐地养成不爱学习、贪吃贪玩、任性骄横的习性。但是，做妈妈的还不以为然。小丹上小学后，不仅老毛病未改，还学了不少坏毛病，学习成绩也不好。父亲看到儿子这种不良表

现，觉得再也不能不管了。可是，妈妈却认为，树大自然直，孩子长大了会慢慢变好的。为此，母亲反对父亲的管教。父母之间经常为管教孩子而发生争吵。父亲一管小丹，母亲就要护着。可是，小丹却像没事似的看着父母争吵。他见父母对他的要求不一致，觉得有机可乘，便越来越不听话，一天天变坏，最后成了差生，染上恶习被学校开除，进了工读学校。母亲在孩子进了工读学校以后，才好像当头挨了一棒而猛醒过来，感到后悔不已。可见，对孩子不能过分的溺爱、迁就和放纵。否则，孩子就会被爱的海洋吞没。妈妈对孩子的爱不仅要理智，而且父母对孩子的要求还要一致。在家庭内，如果是父母感情用事，彼此对孩子的要求不一致，一个唱红脸，一个唱白脸，不仅孩子的毛病得不到纠正，相反地会助长孩子的错误思想和行为。小丹的事例就是做父母的一面镜子。

# 15. 对于孩子说的"不舒服"既不要麻痹大意，也不要轻信

孩子随着年龄的增长，自我意识得到了发展。他对自己身体上的疾病和不适之处可以自我感觉和体验到。因此，当孩子有病时会主动向大人说明自己哪里不舒服。大凡遇到这种情况，应该引起重视，并及时对孩子进行初步的观察和检查。若发现孩子确有异常情况时要尽快送到医院去看医生，千万不能麻痹大意，以免误事。但是，孩子有时也会为了满足自己的某种需要而编一些谎言来骗父母，以得到父母的同情和支

持，达到预期的目的。父母对孩子最疼爱，也最担心孩子生病。孩子掌握了父母的这种心理之后，有时便会以装作某处不舒服来骗父母，以满足自己的要求。例如，力力年纪虽小，但懂得的心理学知识可不少，特别是奶奶和妈妈疼他的心理他更是一览无遗。只要力力说哪里不舒服，就把她们吓得惊慌失措。这时不论力力提出什么要求，她们都会满口答应。一天，力力不想上幼儿园，想在家里玩。妈妈催他快去吃早饭，以便早一点送他上幼儿园，力力却慢吞吞地吃着，边吃边说自己"肚子疼"。这真把妈妈吓坏了。妈妈一边摸力力的肚子，一边说："肚子疼就不上幼儿园了，就在家里玩吧！"力力听罢妈妈说不上幼儿园，他的肚子马上也就不疼了，并且很快吃完早饭，搬出家里的玩具，坐在小椅子上玩起来。一天傍晚，奶奶把力力从幼儿园接回来后，要他打开图画簿，画一张图画给奶奶看。力力不想画而想跟小伙伴玩，便说："奶奶，我肚子疼！"奶奶见此情形便说："那就算了，你不画吧！"转眼间，他便跑到楼下和小伙伴玩游戏去了。奶奶找到力力时问："你不是肚子疼吗？怎么又在这里玩游戏呢？"力力只是睬了奶奶一眼而当做没有听见。一个星期天，妈妈带力力到公园去玩，力力不想自己走路，要妈妈抱，他又喊"肚子疼"。妈妈便把力力抱在怀里走。力力的肚子又不疼了。他的"肚子疼"只不过是用来战胜家长、满足自己的需要的一种"核武器"。而这种"核武器"之所以有效，是因为力力抓住了奶奶和妈妈心理上的弱点。在"核武器"上装有家长的"溺爱炸药"。如果这种"弹壳"一旦失去了这种"溺爱炸药"，力力的这种"核武器"也许就会失灵了。然而现在还有少数家长不能清醒地认识到这种潜在危机，照样给孩子提供"溺爱炸药"来征服自己。这是一种多么幼稚而危险的家庭教育！当然，我们绝没有意思说不要重视孩子反映有病的情况；而是提醒父母要拉开溺爱之情的面纱，仔细地观看体察孩子的神态，从而作出正确的判断和有效的对策。正确的态度是：做到既不麻痹大意，无病早防，有病早治，又不盲目轻信，仔细体察孩子的身心状况是否正常，从而作出相应的正确的决策。

# 16. 从婴儿开始就要进行人格训练

当前家庭教育中最严重的幼稚病之一就是忽视对孩子的人格进行早期训练和培养。他们只热衷于孩子智力的早期开发，似乎只有智力才是人才早期培养的内容和价值。然而，许多有识之士和一些家长又在惊呼：要防止"小皇帝"、"小公主"的出现；不然，长此下去，我国社会将会出现令人担忧的后果。这说明，人格早期训练的价值还未被许多人（特别是家长）所理解。因此，要治好此病，首先必须提高广大家长对人格早期训练必要性和重要性的认识。

第一，儿童早期是人格塑造的最佳时期或者说是关键期。世界著名的英国教育家洛克在其重要的哲学著作《人类悟性论》中指出："儿童的心灵像一块'白板'。"这种说法虽然不妥，但它从另一个角度说明了儿童期心灵的可塑性之大。他在世界教育名著《教育漫话》中进一步指出："培养习惯应当从极小的年龄开始。"我国著名教育家陶行知先生指出："6岁之前是人格陶冶最重要的时期，这个时期培养得好，以后只需顺势培养下去，自然成为社会优良分子；倘使培养得不好，那么习惯成了不易移，态度变坏了不易变。这些儿童进到学校里，教师需费九牛二虎之力去纠正他们已经形成的坏习惯、坏倾向、坏态度，真是事倍功半。"苏联著名教育家马卡连柯也指出："儿童出生后头几年的教育具有特别重要的意义，教育的基础主要是在5岁之前奠定的。对5岁以前所做的一切，就是整个教育的90％，而以后是继续教育人、造就人的过程。"南京那个杀死双亲的王林事件，也从反面教育了人们，良好的人格必须从早期开始培养；否则，家长有可能自食其果。

第二，儿童早期的人格训练与生活习惯、卫生保健是紧密地结合在一起的。年龄越小的孩子，越要通过生活习惯和卫生保健工作来训练其人格。因为年龄越小，本能的生理需要越强烈，而孩子的自我意识和社会化水平越差。因此在吃、喝、玩等方面的行为就难于自我节制。如果家长不了解这个科学道理和孩子心理发展的规律，对孩子的一切需要都无条件地加以满足，时间一长，孩子就会逐步积累和转化成任性、放纵的不良人格。

第三，孩子的各种人格特点，虽然与先天的遗传素质有关，但是，更重要的是在出生后，通过各种方式学会的。例如，"待人有礼貌"，是家长经常教孩子对不同对象作不同称呼而学会的；"助人为乐"，先是在家庭生活中，家长要孩子做些力所能及的事情，然后让他帮助邻居、同伴和集体做事，在这些活动中逐步形成的。同样，也可以发现，有的孩子说粗话，脾气暴躁，攻击性特别强，往往与其家长有这类毛病有关。有些家长总认为孩子小、不懂事，把学习看得过于狭窄，把上小学才当做学习。因此严重地低估孩子的学习能力，忽视了有意识地对孩子进行教育训练。其实，孩子出生后，吃饱睡好了，只要是在清醒状态下，他无时无刻不在认真地学习。他的学习效率之高，往往是一些成人所不及的！我们应该主动积极地训练孩子的人格，不应该让他自然生长，只要从小就认真地进行"田间管理"，才有可能使其苗壮成长。

第四，孩子的人格发展受小伙伴的影响甚大。教育家洛克说："主要的教育手段不会是教训，而是示范和儿童周围的环境。务必接受一个不容置疑的真理：无论给儿童什么样的教训、无论每日给他什么样的聪明文雅的训练，对他的行为能发生最大影响的依然是他周围的同伴，是他的看护人的行为的榜样。"我国有句格言："近朱者赤，近墨者黑"、"物以类聚，人以群分"。这也说明伙伴的影响是巨大的。孩子学会说话和走路以后，总要去找小伙伴们玩耍。他们的玩耍是一种快乐的学习。既能体验到童年的欢乐，又能从中学到许多做人的基本知识和技能，自然地形成某些人格特点。有许多家长往往过于担忧孩子的安全，"闭门养子"，这是一种十分有害的做法。应该看到，一旦在儿童期形成了不良人格特质，到以后再进行改造就困难得多了。

第五，社会环境是一个极为复杂的网状结构系统，它包含许许多多的事物，而且时时刻刻都在影响着孩子。从成年人的观点和儿童社会化过程的角度看，在这种种事物中，有的对孩子的成长起到积极的作用，有的则可能起消极作用。孩子辨别是非的能力差，好奇心强，"少见多怪"的心理比成人强得多。因此，他不仅难以分辨事物的是非、好坏和善恶，而且往往喜欢去探索、模仿丑恶的消极现象，这样就有可能学到许多不良的人格特质。

综上所述，孩子的人格早期训练和培养是儿童身心发展规律的要求，是社会发展所必须，有百利而无一害。

# 17. 不能把无知的种子播在孩子的心田

有位孩子抱着十分好奇而又迫切的心情问妈妈："妈，我是哪里生的？是不是你肚子里生下来的？"妈妈对孩子的这种突然的提问感到措手不及。她下意识地感到，若回答孩子是，孩子必然会接着问，那是从哪个地方、怎么生下来的呢？这必然会触及到长期以来人们认为最难于启齿的阴道了，顿时，妈妈自身也感到羞涩而满脸潮红，怪不好意思地说："傻孩子，你是爸爸妈妈从火车站捡来的。"孩子说："妈妈骗人，我是你生的。"但妈妈并不承认此事，孩子就只得半信半疑、扫兴地结束了这一次提问。孩子这种提问是他求知欲的一种表现。家长应该把科学知识原原本本地告诉他。而这种胡编乱造的谎言只有给孩子的发展带来害处，其结果是：①会激起孩子更加强烈的好奇心去探究此秘密，乃至失足受害；②他会通过另外的渠道去寻找他满意的答案，若不小心就可能陷入泥坑而不能自拔；③有可能使孩子感到大人的话不可信，甚至认为大人是撒谎，影响父母教育子女的威信；④孩子对父母的失望心情若经常发生，有可能疏远母子（母女）依恋情感。所以，孩子提出的有关性知识的问题，不应该回避和说谎，把无知的种子播撒在孩子纯洁的心田。而应该打破封建的传统的性观念，以严肃认真的态度，把科学的性知识告诉他。现在，不论国内外的教育学家和心理学家都认为，儿童的性教育是整个教育体系中的一个组成部分和重要的必不可少的内容。正确的性教育应该和知识教育、人格教育、人格培养一样，纳入教育计划，编写教材。儿童的性教育实质上是一种爱的教育，情感教育。通过它可以使孩子懂得爱父母、爱兄弟姐妹、爱小伙伴，爱自己的班集体、学校和自己的祖国。

# 18. 一份不及格的"性知识"考卷

这是女儿给妈妈进行一次"口试"的真实的答卷。妈妈在长期的"性禁锢"的熏陶下，不仅自己缺乏必要的性知识，更没有考虑过孩子会对自己进行科学的性知识的"面试"。因此，在一次孩子主考的"性知识口试"中得了不及格的分数。这给孩子幼小的心灵播下了性恐怖的种子。一天，英英和妈妈一道到医院去看一位因病住院的阿姨。当他们经过二楼产科门口时，英英听到里面产妇生产时一阵阵的哀号和哭叫声。英英惊奇地问妈妈："这里面的阿姨为什么这样大喊大哭得这么厉害呢？"妈妈不加思考回答说："阿姨在生小孩。"英英问："妈妈，生孩子时会很疼吗？"妈妈答："是的，疼得很厉害，我生你的时候真是疼得难受。"英英问："女人为什么会生孩子？"妈妈对此非常厌烦又感到不好回答，就随便乱说："她跟男人睡觉。"这时英英便默默不语地在思索着。到了晚上入睡时，按惯例英英是和爸爸一起睡的。可是在今晚，英英却一反常态地说"爸爸，我不跟你睡了！"爸爸惊奇地问："为什么今晚不愿跟着我睡了呢？"英英说："妈妈说的，跟男人睡觉要生孩子的。生孩子时又很疼很疼，我怕。"这时妈妈才恍然大悟，认识到自己不自觉地对女儿进行了错误的性教育，给她幼小心灵播下了恐异性的种子，影响了她的心理健康发展。这种错误的认识和态度如果再不及时矫正，

也许英英将来可能会成为一个恐异性的性变态者。这将会给日后的社交、学习、工作和生活带来许多困难和障碍。妈妈从中领悟到，要使孩子健康发展，不仅要进行早期品德人格的培养、智力开发，也要注意进行早期科学的性教育。否则，就是一个不合格的父母。当然，要对孩子进行科学的性教育，首先父母自身要树立起正确的性观念，掌握科学的性知识，培养良好的性道德。

# 19. 不要把自己的愿望强加给孩子

　　许多家长曾经有过美好的憧憬和理想，由于种种历史的和政治的以及其他原因而未能实现感到十分惋惜。因此，便把自己的这种愿望转嫁到孩子身上。认为自己过去失去的，不能让孩子再失去；过去自己没有

实现的，一定要在孩子身上实现。为此，不管孩子的实际如何，强制孩子学这学那，提出种种不切实际的过高要求。看来，貌似为了孩子、爱孩子，实质上是为了补偿自己的心理缺陷、满足自己的荣誉感。家长为了达到这个目的，便采取种种高压或打骂手段，强迫孩子朝着自己已定的目标前进，从而激化了矛盾，带来不良后果。吴玉霞打夏斐，之所以越打越有气，就是她把"跳出穷山沟"的强烈愿望在夏斐身上实现的打算感到有些失望的这种心理所导致的。现在许多家长强制自己的孩子去学琴、学画、识字等做法也是这种错误观念的反应。这种盲目性的教育所带来的恶果已经屡见不鲜了。应引以为戒！

# 20. 私事、小事，还是公事、大事

我们学习许多模范人物的先进事迹时，或听到受表彰的先进人物的介绍中，经常都可以看到或听到这类赞赏的语言："他（她）们一心扑在工作上，不仅起早贪黑地干活，而且连自己的孩子的生活学习也顾不上，连孩子病倒在床上（或住医院）也未能前去关心照顾。"领导所以这样奖励、表扬他们，家长所以"心甘情愿"这样做，其核心思想就是认为"孩子"是"私有财产"，"教孩子是私人的小事，而工作是公事、是大事"。这种思想认识虽然不能说大错，但是起码可以说片面性是很大的。它给社会和家庭、个人所带来的不良效应往往是严重的。

不顾孩子的这些家长，越受表彰就会产生越不顾孩子而"拼命工作"的正效应。这样，工作是上去了。到头来，由于孩子长期放任自流不成器，会在精神上带来严重的创伤、成为终身憾事，特别是人到中年后，会感到后悔莫及而消极悲观起来。

在这种社会心理环境中，未被鼓励表扬者，更是把孩子看做是个人的私有财产，把"教育孩子看做是私人的事情"，"我想怎样教子女就怎样教，我要他做什么就做什么，别人（包括国家、社会）管不着"。当前有些独生子女中所以存在许多毛病，不能不说是这种错误观念的一种负效应。

"子不教，父之过。"假若子女失去了爱和温暖，走上邪路，给国家和社会所带来的损失和危害往往会比你多做几个小时的工作所带来的成绩更大。

子女不成器或走上邪路，不仅是他自身的缺陷和痛苦，而且他们又会将自己的缺陷和毛病传递给下一代。为什么现在国内外许多有识之士都在呼吁我们要做好独生子女的教育工作呢？问题就在于它直接关系到中华民族人口素质的提高。

可见，把教育子女当做个人小事的看法，实质上是长期以来"极左"思潮在人们头脑中所残留的余毒。这种思潮把个体抽象化并与社会对立起来，用狭小的视角把个人利益看做是资产阶级个人主义，以急功近利的观念去看待国家利益，把国家利益和个人利益对立起来，看不到他们之间的辩证统一关系。

# 21. 教子与事业齐飞

现代父母要尽到教育孩子的责任，并不是父母就必须放弃自己对事业的追求，而应该把自己追求事业上的成就与教育子女紧密结合起来，

协调发展。

　　任何人都是一个多角色的社会成员。做父母的也毫无例外。因此，我们不应该把各种角色任务对立起来。人类社会正是在这种多重角色的相互作用下向前发展的。父母事业上的追求与教育子女在时间和精力的分配上有时是会有矛盾的。但是，两者在不同时期、不同时间内可以有所侧重，并协调进行。事实上，有不少家长把子女教育得不错，成为祖国四化建设中的精英和干才；自己的事业也取得了很大成就，或成为某个方面的专家和技术人才。在外国也有许多教子与事业齐飞的事例。比如，世界著名科学家居里夫妇，不仅自己得了诺贝尔科学奖，而且在他们去世后，他们的女儿也得了诺贝尔科学奖。所以，不能认为爱孩子教育孩子就必须把父母的一切都倾注在孩子身上，而放弃自己事业上的追求。这种错误认识的根源就在于不了解家庭教育的特点和任务，把教育子女和自己的工作、事业对立起来看待。如果把教育子女寓于家庭生活的各个方面，并恰当地安排好家庭生活与自己的工作，这个矛盾就比较容易解决。孩子的成才是由许多因素所制约的，父母的教育仅仅是一个重要方面，而且随着年龄的增长，其作用会逐渐降低。如果年轻时放弃父母自身事业的追求，而到了中老年期，孩子又未能有所成就而不成器时，就会感到精神空虚，终身遗憾。所以，年轻的父母应该努力做到教子与事业齐飞。

# 第二编　品德、情操与人格

# 22. 家庭教育中无 "小事"

不久前，有位家长告诉我们说："我对孩子要求不高，只要他将来不偷不窃不犯法就行了，其他生活中的一些小事不必过多的去管教。"我们问："孩子生活中哪些算是小事呢?"他回答说："例如，有时骂别人几句、打一下他人，或者说捡到几角钱去买糖吃等等，都属于小事。"这位家长列举的教育小事从孩子方面看可不是小事。因为它具有是非善恶的性质。如果把这些事都看做是小事，在孩子的幼小心灵中就会形成是非颠倒、善恶不分的错误观念。假如这个错误观念不及早纠正而继续发展下去，就难于保证孩子不偷不窃、不犯法。也许这位家长自身可能就是有这些小毛病，所以觉得不足为奇了。可是，孩子正在成长之中，他可不能像成人那样来控制自己。其实，在家庭教育工作中，是没有什么小事的。它都是整个家庭生活与教育中的一个组成因素，它们时时刻刻、日日夜夜都在影响着孩子。一个好家长，就不应该忽略或忘记生活中的各种细枝末节的地方。家长不仅要通过生活来锻炼教育孩子，父母自身也应该时刻注意自己的言行是否给孩子带来良好的影响。正如苏联伟大教育家马卡连柯说的："你们怎样穿衣服，怎样跟别人谈话，怎样谈论其他人，你们怎样表示欢乐和不快，怎样对待朋友和仇敌，怎样笑，怎样读报，所有这些对儿童都有很大意义。你们态度神色上的少许变化，儿童都能看得见和感觉到。"所以，家庭日常生活中的一些事情虽小，但从教育孩子的意义上讲，它却不小。它可以具有像原子弹爆炸一样的强大的教育威力。我们说家庭教育无小事，并不等于要家长天天用眼睛盯着孩子，发现其不是就严加训斥，而是要家长注意在日常生活的细小事情上积极地引导孩子健康发展。家长自己在家庭日常生活细节上也要注意严格要求，谨防以消极的东西去感染孩子纯洁的心灵。

# 23. 对孩子的爱要掌握分寸

世界上没有哪一位父母不疼爱自己的孩子。但是，社会现实中的许多事例却又告诉我们，往往是最受父母疼爱的孩子长大后却最不会关心体贴父母，甚至虐待自己的父母。究其原因，是父母对孩子的爱没有掌握一定的尺度和分寸，爱过了头，成为溺爱所造成的严重恶果。为了激发和保护孩子的积极性，父母千方百计地盲目地给予孩子各种形式的爱。但是，父母哪里知道孩子的行动必须受积极性与自制力两方面的心理因素所制约。积极性与自制力这两方面的心理必须保持相对的平衡才能适应社会要求。只有积极性的力量，其行为就会放纵、任性；只有自制力，人就缺乏生机和活力，成为"木头人"。父母的爱的分寸就在于既能使孩子保持较高的积极性，又能形成较强的自制力。正如苏联伟大教育家马卡连柯所说："如果能养成儿童在积极性和自制力之间具有分寸感，这就等于解决了教育的问题。他就能够成为一个积极的人——能够有某种意图、某种要求、努力想达到某种目的，但同时又能克制自己的那些已经成为有害的欲望或那些超过了该年龄所需要的程度和欲望。"父母对子女爱的分寸感应体现在尽可能地亲近孩子一些；但又不容许过分的亲热，还应该保持一定的心理距离。否则，就会使父母在子女面前毫无威信，得不到孩子对父母的适当的尊敬，从而使父母合理的要求和教育无法使孩子接受。可见，父母对子女的爱虽然是一种伟大的情感，它总是在创造奇迹、创造新的人、创造人类最珍贵的事物。但是，这种爱必须是有分寸、有尺度的。如果爱过了分，失去了理智的控制和调节，就必然会使父母爱的积极性质转化为消极性质，成为一种有害的溺爱。马卡连柯指出："一味抱着慈悲心肠为儿女牺牲一切的父母，可以算得上是最坏的教育者。最可怕的事情就是用父母的幸福来栽培孩子。"这样在孩子的眼里，父母是"奴隶"，而孩子自己却是一个"主人"。其结果当然只能培养出"小暴君和压迫者"。所以，父母对孩子的爱必须掌握一定的分寸，才有利于孩子的健康成长。

# 24. 要让孩子心中有他人

　　浙江省杭州市某小学三年级一男孩，是班长、少先队中队长、"三好"学生。在一次期末全校"三好"学生评选的时候，读五年级的姐姐在学校开了茶话会，带回四颗糖。她想得很周到，宁可自己不吃，给了弟弟两颗，另两颗留给妈妈。当她把两颗糖给弟弟后，弟弟不仅没有感激姐姐的关照，相反地强行要抢夺留给妈妈的两颗糖。姐姐不答应，他便拳打脚踢地对待姐姐。尽管如此，姐姐还是没有让步。弟弟见自己的

欲望不能满足，便跑到楼上用红领巾挂在窗子的风钩上自缢而死了。年仅 9 岁的孩子为了两颗糖而走上自缢的道路，完全是家庭教育的严重失误造成的。他从小就养成了自私、任性、专横、霸道等不良品质。这种自我中心观念已经成为他的变态人格的部分。只要不合他自己的要求和意愿，他就会不顾一切地反抗、争夺，最后必然会带来灾难性的后果。所以，家长对孩子的教育，从小就应该让他学会分享、体谅父母，知道要关心和同情他人，帮助他人。如果小时候对自己的父母和亲人都毫无同情心的人，只顾满足自己的私欲，独吞独占，将来必然是一个冷酷无情、胆大妄为的利己主义者。

# 25. 让孩子从小学会分享

有一个千真万确的故事使人们百思不解。一天，奶奶从街上买了三块巧克力糖，回到家里后对孙子说：“小明，奶奶今天买了三块高级巧克力糖，给你两块，还有一块给奶奶吃。”说完，各自都剥开巧克力纸在吃，突然间，小明说：“奶奶，你不能吃，我要吃。”奶奶说：“我已经放在口里吃过了，很脏，不能再给你了，以后再给你买吧！”可是，小明非要不可，硬是用手指从奶奶口里把糖抠出来自己吃。奶奶只好摇摇头，感到没有办法。小明为什么会这样自私呢？这要从父母对他的教养说起。父母希望孩子健壮，而且快快长大是完全可以理解的。但是，小明从小开始，凡是家里好吃的东西，都留给他一个人吃，大人却舍不得吃，久而久之，养成了他独占的习惯，使他认为凡是他喜欢吃的东西理所当然地应该是他一个人的，别人休想动一下。这是家庭教育中很大的失误，因为这样做就会从小养成他只顾自己、不顾别人的坏习惯。这种现象在我们的现实生活中并不少见。做父母的确实是好心，但没有考虑长远的效果。孩子这样下去，长大了怎么会去关心别人、照顾别人呢？也不可能去照顾自己的父母。所以做家长的不要把它看成是小事，也不要以为孩子小，这样做没有关系。应该从小教育孩子学会爱爸爸妈妈、爱爷爷奶奶。家里吃东西首先给爷爷奶奶、爸爸妈妈吃，大家一起吃。只有这样让孩子从小学会与人分享，也许就不会养成这种自私的性格，长大了就能够体贴、同情、关心和帮助别人，也能关心、孝顺自己的父母。

# 26. 家长要重视培养孩子谦让的美德

孔融让梨的故事，在我国历史上很长一段时间里，成为家长教子如何谦让待人的第一课。20 世纪 60 年代，雷锋精神几乎是家喻户晓。但是，"十年浩劫"之后，不仅在家里不再用孔融让梨的故事和雷锋精神来启迪孩子学会谦让，而且在中小学教育中，这些故事也消失了。代替孔融和雷锋的故事的便是一切由孩子所享用，由学生自己独占。家里有了好吃的，全由孩子独吞，爷爷奶奶、爸爸妈妈便眼巴巴地望着孩子吃。公共汽车的门刚开，一个 10 岁左右的男孩和他的母亲一道挤上车来，孩子看到一个空座位，马上就抢着坐上去并说："把我累死了！"可是，站在一边的母亲，手里还拎着一个装满了瓜菜的大提包，大口大口地在喘气。而母亲仍是以亲切慈爱的眼神望着孩子。北京某重点中学的学生组织春游，在车上站着的只有两位老师。坐着的学生没有一个人想到，应为白发斑斑的老师让座。某大学的一位宣传部长组织一批大学生到校外去看演出。这位部长比学生来得晚一点，他到的时候学生已先上车，而且座位上坐满了人。他抱着孩子上车后，整个大客车上没有一个学生给他让座。这不能不说是我们教育的重大失误。从小都不懂得谦让母亲的人，也难于去指望他能为老弱病残，或长者让座，或者将来能为他人、为集体和社会作出某种牺牲。为什么不少大中小学生都不懂得礼让？一方面是受不良社会风气的影响；另一方面也是主要的方面，家庭里没有从小就对孩子进行谦让教育，相反地过分溺爱和保护孩子，使孩子成为严重的自我中心主义者。有位小学校长问一位小孩，上车后为什么不给颤抖地站着的老奶奶让座时，孩子回答说："我累！"奶奶还为孙子辩解："老师，他坐着我放心。"有位孩子在公园玩累了跑到妈妈跟前，毫不客气地把正在坐着与人交谈的妈妈推开，自己大模大样地坐下。母亲对这种行为还报之以微微一笑说："瞧，玩累了吧！"在公共汽

车上，有位准备给老人让座的小孩遭到母亲的训斥："就你事多，快坐下！"我们从这些家长的表现可以看出，他们不仅没有认识到孩子缺乏谦让精神是个缺陷，相反地他们还给孩子的这个毛病加以肯定和支持。在家长眼里，看到的是要孩子安逸舒适的享乐。而没有发现在这个舒适的座位上还隐含着做人的要素——谦让的美德。这是当前家庭教育中的一种潜在的危险。为了孩子和家庭，为了祖国的未来，家长们一定要重视培养孩子从小具有谦让的美德。

# 27. 孩子抢他人的东西玩时不宜纵容

　　年龄越小的孩子，越表现出是"自我中心。"他往往以满足自己的快乐作为行为的动力。加上年纪小，生理上与认识上都不成熟，自我控制能力差。在孩子们的玩耍过程中不可避免地会出现种种抢夺玩具等现象。面对这种情况，做父母的应如何处理呢？明智的父母会对主动抢夺他人玩具的孩子进行批评教育，告诉他想玩他人正在玩的玩具时，不应该去抢，而应该先征得对方的同意，或者是等他人玩过以后再借来玩玩。这样教育孩子可以使孩子学会等待、分享和礼貌待人。但是，有不少家长却是采取另一种态度，对孩子抢他人的玩具不仅不给予制止，相反地报以微笑和赞许，从心底里感到宽慰，认为孩子聪明，大胆勇敢，将来不会"吃亏"。殊不知，对孩子的这种侵犯行为的肯定，实际上是支持他的错误，不是真正的爱他，而是害他，为他日后违法犯罪行为埋下祸根。孩子对这些错误的侵犯行为就会认为是理所当然。一旦孩子的

这种心理状态转化为性格特征和稳固的行为模式时，孩子就有可能发展到违法乱纪的严重程度。有位少年杀人犯在给他父母的信中是这样写的："爸爸妈妈，我犯下了杀人的罪行，如果说我走到今天这一步是多种原因造成的，那么，你们也有着不可推卸的责任。我忘不了我小时第一次抢了人家的玩具时，你们投来了赞许的目光；也忘不了你们在老师和别的家长上门告状时为我开脱的情景。强盗绝不是生下来就知道抢劫，杀人犯也绝不是生性就是杀人。正是由于你们的放任，才铸成了我今天的犯罪。爸爸妈妈，如果你们过去曾'爱'过我，那么也正是你们这种'爱'害了我。你们没有真正尽到做父母的责任！"所以，对孩子的第一次侵犯性行为或其他错误，不应原谅或包庇纵容，而是认真对待、严肃教育。不然，孩子就会在错误的道路上越滑越远，以致发展到不可收拾的地步。

# 28. "双优生"结伙盗窃敲响的警钟

在正确的家庭教育与学校教育的配合下,绝大部分的"双优生"的确都是品学兼优的。但是,由于家庭与学校教育的失误,也有极少部分"双优生"实际上是"学优品劣"者。例如,1989 年 3 月北京市门头沟公安分局抓获 4 名盗窃犯,经审查,均为门头沟区大峪中学高二学生、共青团员,学习成绩在班上都是拔尖的。其中一个是班长、学习委员,曾参加过 1988 年全市中学生奥林匹克化学竞赛,成绩在 30 名之内。1989 年以来,他们 4 人先后在本校食堂、商店和区烟酒专卖公司、新华市场等单位,合伙盗窃七次,脏物价值共计 1500 余元。案发后,学校领导、教师和区教育局领导都很震惊。"双优生"为何结伙盗窃犯罪?

据调查了解，这是父母望子成龙、片面追求升学率、重智轻德、轻法、忽视思想政治教育所带来的结果。他们从小就没有树立一个正确的是非观念，荣辱不清、是非不明，不懂法律、不知犯罪。他们如实交待完问题后说："我们的问题已交待清楚了，可以回家了吧！""明天还要考试呢！"可见，教子首先要教他学会在社会上做人，懂得做人的基本品德和养成良好的社会行为习惯，如果只重智不重德，其后果是不堪设想的。

# 29. 乘车时别担心孩子站累了

许多独生子女家长，对孩子过分溺爱和保护，不论走到哪里，都担心孩子累了、苦了。在公共汽车上，经常可以看到爷爷奶奶或爸爸妈妈站着，而让孩子坐着。孩子对此也感到理所当然。更有甚者，有些好心的乘客见奶奶站着，让 10 岁的孙子坐着，便要孩子让奶奶坐，奶奶不仅不坐反而还说："我心甘情愿让我的孙子坐。"大人让孩子坐着，也许完全是出于对孩子的疼爱。但是，这种疼爱并不科学，对孩子也没有好处。①孩子在车上站立，可以让孩子在运动的物体上利用力的惯性、左右晃动摇摆的特点学会站稳和保持平衡的能力。如果孩子坐着时就失去了在这种特殊条件下锻炼并提高体育活动能力的好机会。②大人让小孩坐着不利于教育培养孩子形成尊老（长）、礼让、关心他人的良好品德。据说，德国的母亲是绝对不许孩子在乘车时坐着的，而总是让孩子站着，就是车上空着座位也不许孩子坐。假如在车箱内看着小孩坐着时，其他的大人同样可以命令小孩站着而不准小孩坐。在这种环境下训练出来的孩子，乘车时不会去抢位置。因为他认为站着是理所当然和合情合理的，坐着反倒觉得是一种羞愧或耻辱。所以，为了教育好孩子，家长们在带小孩乘车时不仅不要鼓励或指使孩子去抢座位，而且有座位，也应该让他站一站，这是大有益处的。

# 30. 不要贪图几角钱的车票钱

有一次乘公共汽车时，我们与一位带着一个 5 岁的孩子的妈妈一起上车。我们彼此之间都不相识。孩子一上车，就吵嚷着要妈妈买车票。可是，妈妈却不理睬他。过了一会儿，小孩又问妈妈买了票没有。这时妈妈恼火地说："我知道，你别吵了！"当这位妈妈和小孩已经到站下车时，小孩又说："妈妈快去买票。"这时的妈妈更为生气，狠狠地打了小孩一巴掌并把小孩拉下车走了。孩子虽然挨了打，但他没有哭，他认为自己没有错误，便把嘴撅得老高，以不满的眼光望着妈妈以示抗议。这位妈妈虽然占了点便宜省下了几角钱，可是，自己不仅暴露了自己的私心，而且也降低了自己的威信，失去了教育孩子的好机会。它蕴藏着许

多无法用金钱换来的价值。孩子幼小的心灵是纯洁的，他上车后看见别人买票，觉得自己当然应该买票。做妈妈的应该看到这是孩子美好心灵和学法执法的表现，应该为此感到高兴，而且要爱护孩子的这种积极性。如果能抓住这个好机会马上答应并买票或让孩子自己去买票，或者是家长买好票以后让孩子自己拿着，告诉他不要掉了，下车时卖票的阿姨（或叔叔）要查票的。这样做既能培养孩子从小遵纪守法、遵守社会公德，又可以锻炼孩子的责任心和自豪感。岂不两全其美？可惜这位妈妈由于自己的私心而给孩子幼小的心灵留下了阴影。奉劝那些具有类似行为的家长，千万不要因小失大。

# 31. 孩子为节日礼物的笑和哭

冬冬和秋秋是同年级的同学，又是对门的邻居。平时她们俩总是在一起玩，一起学习。别人都说她们如亲姐妹。她们在个头、外貌方面虽有许多相似之处，但是，在性格上却不大相同。冬冬比较纯朴、踏实、谦让；秋秋却显得比较任性、娇气。"六一"儿童节这天，她们俩都收到爸爸妈妈送给自己来的礼物。冬冬的爸爸妈妈送给她一个很精致漂亮的金鱼缸和一副羽毛球拍。秋秋的爸爸妈妈给她送的是一件时髦的连衣裙和一盒巧克力。冬冬的爸爸妈妈所以给她这份节日礼物是经过反复考虑的。当冬冬的爸爸妈妈郑重其事地交给冬冬礼物时说："这口金鱼缸是给你的小金鱼做的新房子。不过你一定要把金鱼喂养好，还要经常认真细心地观察金鱼的各种变化和生活习性，每个星期要写一篇观察金鱼的文章。送给你羽毛球拍是为了把身体锻炼得更好。以后你每天早晨要早起 15 分钟，和爸爸一起去锻炼和打羽毛球，下午放学回来做完功课以后也可以约你的小伙伴一块儿打羽毛球。"冬冬对爸爸妈妈送的节日礼物非常满意和高兴，她甜蜜地笑着说："谢谢爸爸妈妈，我一定会通过养金鱼学到更多的知识，通过打羽毛球把身体锻炼得更好!"爸爸妈妈也为有这么个好女儿而感到自豪。秋秋的爸爸妈妈给她送了礼物后，秋秋一边在妈妈的帮助下试穿新衣裙，一边口里巧克力吃个不停。妈妈还得意地说："宝贝!这该满意了吧!这是我花了几天工夫跑了好几个大商场才买到这件漂亮的连衣裙呢!"由于秋秋追求的和冬冬不同，所以她有穿有吃当然也就感到高兴了。可是，当"六一"儿童节秋秋穿着新连衣裙到学校后，她和别的同学的裙子一比，大家都说这裙子不好看。结果她回到家里又哭又闹非要再去买一条新的不可。为什么冬冬和秋秋对节日礼物会反应出两种不同的情绪状态呢?这是值得每个家长思考的问题。在节日之时，给孩子买新衣吃好点是无可厚非的。但是，这还不够，更重要的是要通过节日礼物所包含的精神因素去教育引导孩子，使孩子从节日礼物中悟到一点道理，得到一些启迪，受到一些教

育。从而，能激发起孩子更强烈的学习动力把学习搞好，把自己锻炼成为一个合格的社会成员。

# 32. 过分打扮孩子并不好

　　不久前有位邻居，大概是为了表示自己对姑娘的疼爱和家庭的经济实力，把四五岁的小姑娘打扮得花枝招展，异乎寻常。烫头发、涂胭脂、抹口红、戴耳环、挂项链、戴戒指样样齐全，全身穿着花衣服，人

们称她为金凤凰。小姑娘以此感到高兴、骄傲和荣耀；做妈妈的也洋洋得意，心里感到甜滋滋的。别人问这位年轻的妈妈，为啥把姑娘打扮成这个模样。她说，就这么一个独生女，现在有条件了，好好打扮一下才对得起她。时下，尽管许多家长的孩子没有像这位小姑娘这样的打扮，但是，这位家长的思想却很有代表性。有条件让孩子吃好一点、穿好一点是完全应该的。但是，作为一种单纯的追求而不去思索在吃穿的过程中怎样才能给孩子进行良好的教育、培养良好的思想品德和行为习惯就不可取了。这种只重养不重教的结果，有可能养成孩子贪图享受、好逸恶劳、铺张浪费、不爱惜财物等毛病，甚至会把孩子的思想追求引上邪路，正常人格的发展受到障碍。幼儿教育心理学告诉我们，幼儿期的教育要注意通过吃、穿、玩等活动过程来完成。越是年龄小的孩子，其行为品德规范的教育越要通过各种生活保健措施来实现，使孩子在吃、穿、玩的过程中既受到正确的潜移默化的教育，又保证了身体健康的发育。年轻的父母不宜用成人的审美标准来打扮孩子。只要在穿着方面做到保暖、大方、整洁、美观就可以了。

# 33. 给孩子做生日要重视教育效果

有位家长，为了给 5 岁的孩子做生日，不仅为孩子准备了许多吃的穿的玩的东西，而且还办了五桌酒席，宴请各方亲戚朋友。被邀者又不得不来，而且还要送上一份"生日礼物"。这样做生日使人感到是一个负担，完全失去了做生日的真正意义。用吃喝玩乐来庆贺生日之风，在我国城乡各地亦五花八门，愈演愈烈。有的大学生做生日是自己掏钱请要好的同学下馆子，美美地饱餐一顿；有的中小学生则纠缠着自己的父母，要在家里举行"家宴"或"舞会"，以招待自己要好的同学。他们认为，既然是生日，就应该吃一顿丰盛的生日餐和痛痛快快地玩玩。这些都是做生日的片面认识。生日之所以值得庆贺，是因为生日表示孩子又增加了一岁，在长大成人的道路上又前进了一步，所以值得大家来道喜。生日那天，吃好一点也是可以的。问题是应该把吃和玩的庆贺活动变成激励孩子继续前进的动力，才不失做生日的真正价值。如果把生日与吃喝画个等号，就会使做生日成为低级庸俗的风尚了。还值得注意的是，家长和孩子都应该是量力而行，以节约为原则，而且要以更富有教育意义的活动为内容。例如，家长与孩子之间的一席谈心，给孩子送上精美的学习用具或孩子喜欢的有意义的书籍和玩具，陪孩子到名胜古迹或公园去游览等都可以作为生日的活动，能够收到良好的教育效果。北京市 119 中学的青年教师、优秀班主任任小艾就非常注意为同学们过好生日。在他的班级里，墙上贴有一张生日表，每逢班上有学生过生日时，任老师就送他一本日记本，并组织全班同学给他过生日，以表示祝贺。班上的同学每人给他一句赠言，本人当众发表一篇生日演讲。这样可以使他终生难忘，终身受益。它的作用比生日这一天的吃吃喝喝更为高尚和有价值得多。所以，为孩子做生日，重在教育和鼓励孩子能严格要求自己，努力奋斗，将来成为祖国建设的有用人才。

# 34. 不能把孩子当"笼中鸟"

据儿童心理学的研究，所有的孩子都喜欢在室外观赏自然景物的活动。有个不到 1 岁的孩子，既不会说话，又不会走路，却是经常哭个不停。爸爸妈妈给他吃的，他不要；给他玩的，他也不要。做父母的揣摩不透他为什么哭，而只是一味抱着他在家里走来走去，甚至还吓唬他说："你再哭我就打你了!"可是孩子还是哭。有一次，他又不停地哭，为了不影响爸爸的工作，妈妈就把他抱到外面玩去了。结果是小孩一到外面就不哭了，而且兴致勃勃地东张西望：一下子看天空，一下子看树木花草，一下子看别的小朋友玩，总之他感到一切都很新奇。这个例子说明，孩子喜欢大人抱他到外面去玩，不愿过"笼中鸟"的生活，一天到晚关在家里。可是有的父母不了解孩子的这种心理，便以自己"没有空闲时间"、"怕孩子吹了风而生病"等为由把孩子禁锢在家里。当孩子自己能走路和说话时，父母也总是不放心孩子到外面去玩，怕孩子玩累了影响身体，怕衣服弄脏了难洗，怕孩子玩出了汗而伤风感冒，等等。总之，对孩子出门玩，有一千个一万个怕字，认为还是把孩子当"笼中鸟"放在家里养育才保险。结果孩子的身体并不强壮、知识并不丰富。这种养儿方法在父母看来完全是出于对孩子的爱。这种心情可以理解。但事实上这样对孩子的成长是极为不利的。经常带孩子到外面玩一玩，不仅可以吸收更多的新鲜空气，晒晒太阳清洁皮肤，而且可以使他们在大自然中学到不少知识、增长见识。比如，带着 1 岁左右的孩子到街上去玩玩，他可以听到汽车的叫声，告诉他学汽车叫。带着刚刚会说话的孩子出去玩，可以教他认识那是树，这是花，使他们把图片上的花草树木与现实中的统一起来。带他到动物园去玩，可以教他认识许多动物，晚上可以把孩子抱到室外，教孩子认识什么是星星，什么是月亮。总之，不论年纪大的还是年纪小的孩子，不论是男孩还是女孩，都应该经常带他（她）到户外去认识自然和社会。

# 35. 不要把大人的冤仇转嫁给孩子

　　小张和小王原来是较亲热的邻居，在一次孩子的打架中，彼此都维护自己的孩子而指责对方。在大人的一番激烈争吵后便成了冤家仇人，不仅大人彼此见面不说话，而且也不许孩子彼此相互往来和在一起玩。可是，孩子是天真无邪的，他们扯皮以后马上就忘了，又会在一起玩，不像大人那样去记别人的仇。因此，第二天，两家的孩子又走到一起在玩"过家家"，称兄道弟的说这说那。这时小张外出回来，见此情景便用力地把自己的孩子拉回家中，狠狠地揍了孩子并再次规定，不准与小王的孩子在一起玩。小孩为了避免再次挨打，只得噙着泪点点头，以示同意。我们且不说小张和小王之间的是非曲直，就小张对待小孩之间的这种限制、打骂的教育方式来说是不对的。限制孩子之间的交往实质上是限制孩子的学习与发展。因为一个人的许多知识和行为规范是在孩提时从同龄伙伴中学会的。孩子之间吵架、打骂本身就是一种智慧与体力的较量，就是谦让、谅解、服从、支持、信任、自我评价等心理素质发展的一个机会。所以，把大人之间的恩怨迁移到孩子之间的交往是极不明智的。它不仅影响孩子的智力发展，也影响孩子的品德发展。作为父母，应该从小教育孩子不记别人的仇，要互相谅解和谦让，不要因为小事闹矛盾。有了矛盾要心平气和地协商解决。解决了还是好朋友。

# 36. 不要把扭曲的爱强加给孩子

　　在星期六的公共汽车上，一位年轻的母亲把孩子从幼儿园接回家。她在审视孩子的脸孔时发现脸上有一条伤痕时问："是不是幼儿园小朋友抓的?"孩子默默地点了点头。妈妈发火说:"你不会也抓他?这个星期天妈妈不给你剪指甲了,星期一到了幼儿园后,你也狠狠地抓他一下!以后谁打你,你就狠狠地打谁,不要怕。小时候都怕别人打,不敢还手,长大了你就会没有出息,受人欺侮。"可是,孩子说:"老师说,谁不对就告诉老师。小朋友之间不能打架骂人。"妈妈更为恼火地说:"你不要听老师的,哪有挨别人打不还手的道理。"究竟孩子在下周一是否报复了抓他的那个小朋友就不得而知了。另外还有一位母亲,在自己的孩子和别的孩子打架时,她不先了解情况或问问是谁不对,走上去马上把她的孩子拉在旁边,然后就给别人的孩子几个巴掌并训斥一顿。因

为她是大人，手又重，把别的孩子打得眼冒金星。作为父母疼爱自己的孩子是可以理解的。但对自己的孩子的缺点、错误决不能袒护，更不要参与孩子在外面的纠纷去欺侮别人的小孩。这样会助长孩子的坏毛病。相反地，对孩子的缺点、错误从小就要进行耐心细心细致的教育，使他们能明辨是非，对的就去做，错了的下次就改正。与此同时，要教育孩子学会很好地和别的孩子相处。

就这两位母亲的教子观而言，显然是与现代社会新型的人际关系的要求是不相符的。我们不只要教育孩子爱自己的父母兄弟，还要教育孩子爱自己的伙伴、同学，还要爱自己的集体和祖国。小时候都不能爱伙伴，长大后怎能做到爱人民。所以我们做父母的不能以自己年幼时受到伤害的这种"恨"的教育和仇恨的种子传播给下一代，不能把自己扭曲的爱强加给孩子，也不能要孩子用对待敌人的"以牙还牙"的办法来对待自己的伙伴，更不要以目前社会上的不正之风为借口去轻信"老实人吃亏"的经验。我们还要大力提倡人们之间的友爱和礼让，努力建设高度的社会主义精神文明。

# 37. 对孩子的第一次任性不能让步

孩子虽小，但他往往能准确地从父母的脸部表情和行为活动上判断出父母的心理状态，从而作出相应的对策。这是许多父母所忽略了的一个儿童心理问题。正是这样，不少父母便养成了孩子任性的毛病。例如，小英的爸爸买回一个送亲友的生日蛋糕。小英见此便吵闹着要打开盒子吃。爸爸告诉小英："这蛋糕不能吃，它是送给姨妈过生日的礼物。"可是，小英不依爸爸的劝告，边哭边嚷："我要吃！我要吃！"最后她就睡在地上打滚撒泼起来。这时妈妈走过来赶忙把小英抱起来说："小英，别哭了，乖！妈妈给你去买好多巧克力吃。"说罢，小英便停止了哭闹，跟妈妈到商店去了。也许有人认为这位妈妈有办法、会哄孩子，教育有方。其实不然，从儿童教育心理学的角度看，它实际上仍然是强化小英不合理的要求和撒泼行为的一种错误做法。因为它并没有使小英这种不合理的行为动机和行为效果得到纠正。小英虽然不哭不闹，平静下来了，一场风波似乎被妈妈平息了。但是，妈妈的这种行动却在孩子的心灵中留下了一个深刻的印象并受到了启迪：它明白地告诉孩子，如果她要求得到非分的东西，假如大人不肯给，通过撒泼也一定会有别的好处可以得到。这样，撒泼就会成为满足非分要求的手段，并以此来对待父母。如果父母从孩子任性的第一步开始总是让步，任性的毛病自然就形成了。所以，对于孩子的第一次任性行为是不能让步的。对于孩子的任性作任何形式的让步都会助长孩子的任性和不良行为。当

然，父母要做到这点，还要用理智去控制感情。有一位母亲曾经告诉我们，她的女儿在第一次出现无理取闹的撒泼行为时，全家人都不给予同情和支持。过不了好久，孩子便自己给自己"搭梯子下楼"。从此以后，她就不再提出种种不合理的要求，慢慢变得能听从大人的劝告和控制自己的非份欲望。可见，对孩子任性问题，只要大人能恰当地进行说服教育和劝导，坚持正确的教育原则，孩子这种任性的毛病是可以得到防止和克服的。

# 38. 孩子的"来客疯"来自父母

　　爱子之心，人皆有之。特别是母亲，由于担负着生育儿女的重任，所以对孩子的爱也特别深厚。好像世界上只有自己的孩子最好。哪怕在旁人看来是孩子的不足之处，在妈妈的眼里也是孩子的长处，真是："母亲眼里出西施。"我国有爱幼的传统，每当走亲访友时，若亲戚朋友家里有小孩的话，到了亲朋家里会先逗小孩玩或说说话。这不仅对孩子是个教育，对亲朋也是一种友善态度，可以更快地通过孩子为中介缩短大人之间的心理距离，增强情谊和凝聚力。大人的这些行为恰恰与孩子的表现的心理特点相吻合。孩子不仅是因为客人新鲜、谈吐有趣或有糖果糕点可吃，更重要的是孩子希望得到别人的理解、尊重和好评。所以每当家里有客人来时或孩子到他人家里做客时，孩子都显得特别高兴，总喜欢在大人交谈时插嘴，有时还要大人停下来听他讲，甚至出现"来客疯"来表现自己。由于父母的过分疼爱，对孩子的这种表现不仅不认为是不礼貌、缺教养的表现，而感到难堪；相反地还用微笑或表面是批评实则是赞扬的语言表示得意。他人对此当然也就不便提出异议了。长此以往，孩子便渐渐地形成了"来客疯"。对孩子的这种行为，家长应该重视对孩子进行礼貌教育。如果家长同客人之间谈话时，孩子插嘴装疯，大人可以把话题引开，不去注意孩子的表现。或者有意识地把孩子的注意力引到别处，或者以体态言语表示不支持。这样孩子就会感到失意。如果下一次家里来了客人，孩子玩自己的东西，看自己的图书，不再打扰大人之间的谈话时，父母在客人走后，可以对孩子的这种表现给予表扬，肯定他懂礼貌的行为，采用这种做法，孩子就可能慢慢地改掉乱插嘴的坏习惯和不再有"来客疯"了。所以，孩子的"来客疯"不能怪孩子，而是父母自身的言行给孩子的影响所造成的结果。

# 39. 不要怕孩子帮倒忙

3岁左右的孩子已经会走路了，也已经会说简单的话了。爸爸妈妈要帮他做事或自己做某些事时，他们总喜欢说："我自己来。"例如，妈妈要给孩子喂饭，而孩子却愿意自己吃，结果吃一半，撒一半。妈妈用扫帚扫地，他也要抢去扫，结果越扫越脏。早上起床后，妈妈给孩子洗脸，他也要自己洗，结果往往会把衣服弄湿。这类事情在我们的日常生活中比比皆是。这些现象表现了幼儿独立意识的萌芽。它是将来爱劳动的好征兆。可是，不少父母为了省事、怕麻烦，对孩子这种萌芽状态的积极性不仅不爱护、不引导，反而防止他们的发展。孩子幼小的心灵是娇嫩的，他们小时候的模仿能力很强。这是培养各种良好习惯的极好机会。家长不应怕麻烦而挫伤了孩子的积极性。而应该保护孩子的积极性，对他的这些独立性和行为应该积极地加以引导。比如，地扫不干净，可以从教他们拿扫帚的方法、扫地的姿势入手，然后告诉他先扫什么地方，后扫什么地方。孩子如果做得不好，不能骂他们，更不能打他们，让他自己看看扫得如何。这样做既慢慢教给他学会扫地，又保护了他学习的积极性，培养了他热爱劳动的习惯，并发展了他的自信心和独立性。

# 40. 要看到孩子积极的方面

　　孩子好奇心强，对于新鲜事物总喜欢拿来看一看、玩一玩。一天，强强的爸爸买了一支漂亮的新钢笔回到家，强强看到后拼命地要拿来玩。可是，爸爸不仅没有把笔给强强，相反狠狠地训斥强强不懂事，说爸爸的笔不是给你玩的。强强此时心里很不愉快，事后还在妈妈面前告了爸爸一状。然而，说来也巧。强强在李叔叔家里串门时，发现李叔叔正在用一支和爸爸一样的很漂亮的钢笔在写些什么。强强喜出望外地说："李叔叔，您这支漂亮的笔能给我玩玩吗？"李叔叔沉思了一会儿说："强强，李叔叔的笔是工作时间用的工具，不是小朋友玩的玩具。如果你觉得很漂亮又喜欢它，我可以借给你看看，但是不能用力乱画乱写。"强强微笑地点点头接过李叔叔递来的新笔。此时小强强的愉快心情就不用说了。我们从两位大人对待强强的这种好奇心所采取的两种不同的态度可以看出，前者扼杀了强强的好奇心，而后者是保护了强强的好奇心。产生两种不同态度的原因是爸爸缺乏童心，没有看到孩子闪烁着可贵的好奇心，而是简单地以孩子的"要求不合理"的印象来对待强强；李叔叔则和他相反，看到的是孩子的积极方面。作为家长，不仅要正确地分清孩子的需要是否合理，而且还要用正确的方法去对待孩子的需要。方法得当而艺术化，可以使大人认为不正当的要求妥善地加以解决。这样既能保护孩子的好奇心，又能使孩子的自尊心不致受到伤害。

# 41. 孩子要自己吃饭是好事，而不是不乖

有位奶奶端着一碗香喷喷的饭菜，边走边喊："辛辛，吃饭喽！快坐下来，奶奶喂你吃。"辛辛便乖乖地坐下来吃饭。可是，快 3 岁的辛辛吃了几口饭后便伸出胖乎乎的小手去抢奶奶手里的汤匙，边抢边说："奶奶，我自己吃，不要喂！"可是，奶奶担心辛辛不仅吃饭慢，而且会掉了勺、打破碗、撒了饭菜。因此奶奶坚持要给辛辛喂饭吃。奶奶说："小乖乖，还是奶奶喂你吃。"可是，辛辛不依奶奶，仍然伸着小手去拿勺子要自己吃饭。结果，勺没有抓住，却把奶奶送到嘴边的饭打翻了，撒在地上。奶奶见到此情景，便很不高兴地说："辛辛不是乖孩子，你不乖奶奶就不给饭你吃了。"辛辛听了奶奶的这一训斥便哇地一声哭起来了，口里的饭全掉在胸前和地上。奶奶见孙子哭了，又赶紧哄辛辛说吃饱了带你上街去玩。过去，辛辛几次要自己吃饭，奶奶都不让，被奶奶哄着喂了。这回辛辛说什么也要自己拿勺子吃饭。一看到奶奶喂到嘴边的饭，辛辛便气呼呼地把饭打落在地，拒绝进食，并且跺着脚大哭起来。这一举动，真的惹奶奶生气了。奶奶把饭碗往桌子一摆说："你不好好吃饭，就不给你吃了，越大越不乖。"这是对辛辛极大的冤枉！他要学着自己吃饭本是一件好事。怎么能说他不乖呢？学会吃饭是人生最基本的生活技能之一。按人的社会化过程看，我们是要培养独立生活能力强的人，而不是一个依赖他人生活的人。作为家长应该懂得，3 岁的孩子完全可以自己吃饭。当孩子不愿自己学着吃饭时，大人还要劝说、训练其学会自己吃饭才对。而孩子自己能吃饭却不让他吃，这就不对

了。有的家长给孩子喂饭，让他边吃边玩，甚至孩子跑到哪里，家长就端着饭碗跟到哪里，吃一顿饭就像捉迷藏一样。这并不是真正的爱孩子，而是害孩子。这样做既影响孩子的消化功能和身体健康，又养成了孩子严重的依附人格。这对孩子日后的生活、学习乃至工作都是极为不利的。

# 42. 令人忧虑的爱心

在一次偶然的机会，我们看见一位奶奶在给 8 岁的小孙子喂饭吃，小孙子则坐在电视机前观看电视节目。据说，每天都是如此。我们问："这么大的孩子，为什么还要奶奶喂饭吃呢？"奶奶说："这孩子每天放学回家就是看电视，还说不愿吃饭，就是作业他都不想做。所以，就只有我喂他吃饭了。"奶奶这一席话久久地在我们的脑海中回旋。我想，难道就只有这位奶奶才这样做吗？奶奶有没有想过这种爱的结果将会如何呢？据一位小学低年级的老师说，她教的班上有 32 名小学生，其中 20 名不会穿衣，10 名让父母洗脸洗脚。据浙江浦江县一所中学的调查，80％的家长不要求孩子从事家务劳动，只要学习好就行。北京市有的老师于 1987 年调查了两千多名小学生，他们参加家务劳动的时间，平均每天只有 0.2 小时，远远低于美国同龄孩子的人均 1.2 小时。不难设想，我们的下一代在"饭来张口，衣来伸手"的条件下生活，怎么可能有热爱劳动、勤奋学习的精神呢？怎么可能形成强烈的责任心和义务感去关心父母、建设祖国呢？这种畸形的家庭教育必然会塑造出畸形发展的孩子。1987 年上海精神卫生中心与世界卫生组织合作，调查了 4～6

岁半儿童的心理卫生状况，结果表明，27％的儿童有精神偏异。这种精神偏异的主要因素是由家庭教育环境不良和教育方式不当所造成的。可见，家庭教育"幼稚病"的蔓延和扩散已经给孩子的发展带来了不良后果。如果以这位奶奶为代表的无知而又令人担忧的疼爱再不及时防治和扭转，可望不久的将来会酿成更为严重的家庭教育危机和不良后果。

# 43. 孩子主动帮大人做事应该得到鼓励

在好长一段时间的阴雨天后，太阳出来了，使人感到格外愉快。兰兰的妈妈趁这个好天气把积压了多时的衣服都拿来清洗。兰兰看到妈妈在洗衣服，便积极主动地跑过来说："妈妈，我帮你洗衣服！"一边说一边就要动手去洗。但兰兰的这种满腔热情却得不到妈妈的理解。妈妈对兰兰的这种表现不仅不给予赞扬和鼓励，而是很心疼地把兰兰赶走了。妈妈说："唉呀！好宝贝，你能做什么呀！衣服弄湿了还不算，还在这里碍手碍脚、耽误时间。走开，走开！房间里有巧克力，你快去吃吧！"兰兰的妈妈并没有意识到她这样做失去了一次教育孩子要帮助别人和爱劳动的极好机会。即使兰兰不是来帮忙洗衣服，而是想来玩水的，大人也可以引导她帮忙洗小物件。例如，妈妈可以说："兰兰也来帮妈妈洗衣服，真是个好孩子。"同时，可以将小件衣物、手帕给兰兰，告诉她如何擦肥皂和清洗。若兰兰洗得很像大人的样子就给予肯定："对，就是这样洗，洗干净了用起来就会感到舒服些。将来你长大了就可以帮妈妈洗衣服，也可以洗自己的衣服。"这样引导孩子，既肯定了孩子的积极性，培养了孩子助人为乐的精神，又使孩子学会了生活的技能，还可以增强孩子的自信心和母女之情。所以，孩子主动帮大人做些事是个教育孩子的极好机会。它不仅不应批评、推开，相反地应该给予肯定、鼓励和具体指导。

# 44. 要求孩子完成的事就一定让他完成

　　有位母亲，自己一边忙于编织毛衣，一边吩咐自己的孩子去把垃圾倒掉。孩子则在一旁边玩，边答应说"好"。但是，过了好一会儿，孩子还没有动身去倒垃圾。此时妈妈又一次的喊孩子去完成倒垃圾的任务。孩子也照样的只是答应一声"好"，而无行动。再过一会儿，母亲看到孩子还没有去倒垃圾，可又到了孩子该做作业的时间了，妈妈怕影响孩子的学习，自己去把垃圾倒了。目前像这位妈妈的家长不少。他们重智轻德，只要孩子学习，不让孩子劳动，即使是要求孩子去做某件力所能及的事，孩子不愿去做时，家长不是把要求说明白具体，态度坚决地一定要孩子去完成，而总是口里唠唠叨叨地说个不停，最后还是自己给孩子让步，家长的要求总是未能达到。这种教育，孩子不会因为妈妈帮他倒了垃圾而表示感激，也不会因为妈妈的行动受到感动后认识到自己的不对。相反地，他可能认为自己"胜利了"。以后再遇到此种情况时，还可以用此种办法来对付。长此以往，孩子便养成了一些坏习惯，家长的教育权威也会随之消失。所以，家长在给孩子布置任务之前，首先应考虑孩子是否力所能及。若是孩子可以完成的任务，当要求一旦提出后，就应该让他感到没有讨价还价的余地，必须坚决地完成，决不能不了了之或虎头蛇尾。如果家长每次提出的要求，不管孩子如何哭闹都能坚持做到而不收回成命的话，孩子才可能从小养成责任心强、学习工作认真负责和爱劳动的好习惯。

# 45. 孩子的图书、玩具要让他自己去收拾

　　一般家庭，或多或少都会给孩子买些图书、玩具，有的家长还亲自为孩子制作各种玩具。但是，由于孩子的兴趣容易转移，因此正在看图书或玩耍游戏之时，又会把它们丢下，去玩别的东西，结果便忘记收拾

图书和玩具这些东西。到这时候，有的父母不仅没有及时指导孩子如何收拾整理好自己的图书、玩具，相反地，是唠叨着帮助孩子收拾起来。这样下去，孩子往往会养成不良的习惯。他认为，反正父母会帮忙收拾的。久而久之，父母的唠叨、催促和责备，孩子就会习以为常，无论大人如何说他都不会起什么作用的。这件事看来是小，实际上是培养孩子责任心的一种重要手段。如果孩子从小就没有养成收拾自己玩具的习惯，以后也难于形成爱整洁的习惯和负责任的精神。所以，大人应该耐心地指导孩子自己去收拾整理图书、玩具。孩子开始自己收拾东西时的动作可能慢些，收拾的时间可能长一些，但是，大人不应急躁，也不要说他"真磨蹭"。你越说他磨蹭，有时他就会越磨蹭。孩子收拾了图书玩具后，应该给予表扬，说"你干得真不错"！使孩子产生一种完成任务之后的喜悦心情和快乐的体验。久而久之，孩子就会在不用大人提醒或督促的情况下，自觉地主动地把自己用过的东西收拾好。

# 46. 吩咐孩子做家务要在"教"字上下工夫

随着家庭教育的发展，有不少独生子女的家长开始注意培养孩子的人格，发展儿童的个性。因此，在家庭中也注意给孩子布置一些家务劳动，做些力所能及的事情。但是，有些家长却只有布置，没有指导，没有把"教育目的"渗透到家务劳动过程的各个环节中间去，在"教"字上下工夫。一位家长要孩子去扫地，只说你去把房里的地扫干净，而没有告诉他如何才能扫干净。结果，孩子用了九牛二虎之力还是没有把地扫干净。妈妈见此大为不满，训斥他为"笨蛋"的同时便从孩子手中夺过扫帚自己把地扫完。这位家长不懂得，对于孩子来说，扫地也是一种学习，对于四五岁的孩子来说，要把地扫干净也是不容易的事情。作为家长，吩咐孩子做些家务劳动，应该在"教"字上下工夫。一是要明确家务劳动的目的，让孩子干些家务，并不仅仅是简单地帮大人把杂事干完或让他学会如何干杂事就算完事。而是要通过干杂事的活动过程去培养孩子独立、勤劳、刚强、负责等心理品质。就是说，劳动只是一种教育手段，要达到培养人的目的。二是要给孩子提出切合实际的要求并作具体的技术指导，不论是洗手帕、洗碗碟或收拾玩具、整理床铺、打扫房间、清洗衣服等家务劳动都要注意这个问题。教子有方的家长认为，教子做家务可以采用"三步教学法"：首先是大人先做一次示范表演，

让孩子认真地看大人做一遍，大人可以边做边用语言解释，关键性动作要提醒孩子注意观察；其次再和孩子一起做一遍，发现孩子做得不对时及时给予纠正，必要时还可以手把手地矫正一些动作；最后放手让孩子独立去做一遍，大人在一旁进行观察和指导。可以让孩子反复多做几次。如果孩子还做不好某件事，家长不要急于批评孩子，要在肯定成绩的基础上指出其某些不足之处。同时，家长还要热情地鼓励孩子："这一次你没做好没关系。下一次你再做时记住大人教给你的方法，慢慢你就能学会了，相信你以后一定能够做好。"用这样的教育方法来对待孩子，既可以保护孩子的劳动积极性和自尊心，又可以增强其自信心，为以后的成功做好心理上的准备。

# 47. 对孩子做的事不应过分挑剔

志坚的母亲非常疼爱他，对他的期望很高，要求十分严厉，她要志坚做事或学习时，事事都必须完全达到妈妈的要求，做得很好才能令妈妈满意。如果稍有一点不如意或不妥当甚至出现了错误时，妈妈就严厉地指责说，你看，这里怎么做得不好，那里又做错了。某某和你一样大的年龄，他怎么好怎么好，他都能做到，你为什么做不到呢？母亲的本意是想以这种方式去教训孩子，激发孩子的上进心，把学习搞好，把事情做好。但是，妈妈哪里知道志坚对妈妈的这种教育不但没有很好接受，反而产生一种心灰意懒、不肯勤学的消极情绪。当志坚的母亲看到这种情绪反应之后，更为不满，更加用种种消极的方法去刺激他。而志坚也更加不愿意学习了。这是由于妈妈要求过高过急，而不了解可以用积极的心理因素去克服消极的心理因素。由于对孩子的缺点毛病批评指责过多，使孩子产生了一种自我否定的消极情绪和逆反心理。慢慢地便失去了自信心，形成了自卑感。所以，父母对孩子做事或学习应多鼓励引导，而不应过分挑剔。因为他毕竟还是孩子，在各方面都还不成熟。不能用大人的眼光和标准去要求他。有位母亲就懂得孩子的这种心理特点，孩子做事前先进行指导，如果做错了要孩子下次注意如何改进，而不是指责。假如下次做得比以往好就给予称赞鼓励。例如，强强的字一直写得不好，但当母亲发现他稍有进步时就说："强强，你的字写得比以前漂亮多了。你看，笔画正确，字写得也比较工整，以后你会写得更好的。"强强听了感到很高兴，的确在下一次写字时就格外认真，对学习的兴趣也更高。当然，大人对孩子的鼓励也不能滥用，要用得适时和恰到好处才会产生积极的教育效果。

# 48. 孩子做好事出现的某些失误不应惩罚

一天下午，某大楼工作人员都已下班，有几位小朋友在走廊上玩耍。他们突然发现男厕所的水已漫出走廊，若让水继续流下去，各办公室都可能受害遭殃。小兰看到此情此景，便顾不得自己的衣服鞋袜会不会弄湿，冲进厕所蹚水过去把水龙头关上。几位小朋友都为小兰做了一件好事而很高兴。就在这时，小兰的妈妈来了，看到小兰的衣服鞋袜都弄湿了，不问青红皂白地把小兰打了一顿，尽管小兰再三申说，妈妈还是认为该打，甚至还说："你真傻！他们不愿去关，你为什么要去当英雄呢？"这使得小兰无所适从。显然妈妈对小兰的这种教育是错误的。

作为现代家长，不应该把自己自私的坏毛病传给下一代。相反地，应该使孩子从小就形成关心他人和集体，乐于助人和见义勇为的良好品德。孩子由于年龄小，认识水平不高，考虑问题不周全，力量小，在做好事的过程中会出现一些失误也是难免的。大人不应该去指责孩子在这方面的失误，甚至去惩罚孩子，而首先应该鼓励和肯定孩子做好事是对的。对于在做好事过程中出现的一些失误，只能引导他分析失误的原因，从而提高其认识和操作活动水平，使好事做得更好些。这样既能保护孩子做好事的自觉性、积极性，培养良好的心理品质，又可以帮助孩子更加成熟，不断提高自己的认识水平和活动能力。

# 49. 家长不要等到孩子出了差错时才去关心

　　有位母亲带着 5 岁和 3 岁的孩子到街上自选商场购物。母亲交待孩子说，你们老老实实地站在这个出口处等我，不许到处乱跑，哥哥不许欺负弟弟，更不能到街上去玩。孩子们点了点头，表示同意。妈妈进入自选货架后东挑西选，花了近半个小时买了一大包东西出来了。她看到孩子们还站在出口处时，却没有给孩子们任何肯定和赞扬的表示，便拉着孩子的手说："走！咱们回家去！"在这位母亲的眼里，孩子听大人的话、哥哥关照弟弟、表现好是理所当然的。所以不必给予鼓励或者是回报和奖励。他们回到家里后，按母亲的意愿把一些食物分给了弟兄两人。但是，哥哥觉得弟弟得到的食物比自己的多而不服气。当妈妈离开他们后，哥哥便向弟弟要一些东西过来。弟弟不给，哥哥则企图以强力夺取。这时，弟弟不依并喊妈妈，以求得妈妈的援助。妈妈来到之后便狠狠地训斥并打了哥哥。对这一类的管教，不少人习以为常，视为正当。但是，从孩子心理需要的发展和教育效果上看，就未必合适。因为家长的这种强化教育不论从时间还是从行为对象和方法上看，都不合心理学的要求。在平时兄弟俩玩得很和谐时，或哥哥很关照弟弟时，妈妈应该给予热情的关心和明确的肯定鼓励。可是，妈妈却没有这样做，甚至不吭一声。而一旦弟弟说哥哥欺负他时，妈妈便立即表示关注和出面干预。这样一来，妈妈在孩子的心目中就成了一个法官或警察。因为只有到孩子闹出了矛盾或犯了错误时，母亲才表示关注和进行裁决。这种教育方法往往会使孩子变得更加淘气、顽皮。每个孩子都希望经常得到父母亲昵和关心。如果他感到只有当他调皮淘气或出了差错时才能得到父母的"关注"，他就会有意识地经常做出一些淘气的事情以引起父母和大人的注意。所以，做父母的不要等到孩子犯了错误出了毛病时才给予关心，对其平时好的表现就应该及时给予肯定、表扬，或报以微笑、点头或说他是好样的。在必要时大人还可以给他一定的精神文化生活（如看电影、逛公园、旅游、下棋等）或物质方面（如图书、玩具、学习用具、衣物用品等）的奖励，使孩子体会到父母在平常就一直是真正关心爱护他的。这样的教育方法强化了他好的行为表现，能够防患于未然；而不是等出了问题再去矫正。当然，如果孩子做错了事更应该关心和帮助，热情耐心地给予指导，而不是过分的惩罚。

# 50. 生活自理不单纯是为了自己

　　许多明智的家长，在学习了科学育儿知识和吸取前人经验的基础上，开始重视孩子独立生活能力的训练，孩子早晨起床，让孩子自己穿衣服、整理床铺和打扫房间；孩子上学前，让他自己清理书包并自己走到学校而不用车接送；孩子换下的小衣物，让他自己洗好晒干……但是，从儿童人格发展的角度看，这种仅仅停留在"生活自理"的教育水平上是不够的。因为这种教育思想仍停留在发展自我的水平上，与社会主义的道德精神相比还有差距。社会主义道德的核心是集体主义和利他行为。因此，我们在训练独生子女的生活自理能力时，要打破传统教育理论的束缚，从新的思想境界和更高层次的教育心理水平去教育训练孩子，使他在学会自己穿衣、整理床铺、打扫房间或自己整理书包、自己上学的同时，懂得不仅是为了培养自己独立生活能力，也是为了减轻家长的劳动和精神负担。这种教育既有利于孩子从利己向利他转化，防止形成自我中心主义者，又体现了社会主义条件下新的人际关系的特点，做到人与人之间的相互关心、同情和帮助，使孩子从小就形成心中有他人的良好品质。

# 51. "奖励妈妈"的流泪仅仅是开始

　　恰当和合理的奖励是一种积极而有效的教育方法。它可以极大地激发人的行为的积极性。不论对大人还是小孩都是可行的。但是，如果滥用奖励就会适得其反，尤其在孩子的教育中更会带来许多副作用。上海有位妈妈便是如此，孩子吃饭要讲条件，假如妈妈没有满足孩子的要求便不吃饭，以"绝食"抗议。妈妈为了孩子不挨饿，便满口答应孩子提出的条件。孩子睡觉时要讲条件，如果妈妈没有答应要求，孩子便不睡觉，故意打闹。孩子上了小学一年级，便提出要"上学奖"，几乎每天上学前都要给妈妈谈判"上学奖"的条件。如果双方达不成协议，孩子便宣布不上学，结果，总是以妈妈的妥协而告终。孩子自然成为"常胜将军"。在"六一"儿童节那天，孩子提出要买100多元的玩具未被妈妈答应。结果，孩子急中生计，改变买玩具为"上学奖"，要求打妈妈一个耳光。妈妈在公公婆婆的压力下，便无可奈何地鼓起勇气把脸凑到儿子面前，让儿子打了一个耳光。这一耳光把妈妈的眼泪打出来了。但妈妈只是当时流了泪，而并没有醒悟。出于对儿子的"爱"，她以后仍然在"谈判"中用妥协的办法去满足儿子的要求。她并没有认识到那次流泪仅仅是开始。如果孩子继续这样发展下去，长大了他就不会关心体贴父母，甚至会对父母凶狠。幼儿教育心理学告诉我们，对孩子实行错误的奖励，不仅不能达到矫正孩子行为的目的，相反地会使孩子的错误想法和行为越来越严重，甚至会抓住大人必然会妥协的心理作为向大人进行恐吓、威胁和斗争的精神武器。这是独生子女家长中较普遍地存在的一个问题。所以，在教育孩子的过程中，不宜滥用奖励，不分是非地迁就孩子的要求。否则，就会使孩子走向自己所期望的反面，到后来将会后悔不及。

# 52. 让孩子自己决定自己的事情

星期天，小英正同邻居的小伙伴玩得起劲时，妈妈却要求他一道上街去买菜。平时小英难得和小朋友一起玩，便不愿跟妈妈走。但是，妈妈却强行地拉着小英离开了伙伴。其他伙伴亦以不高兴的目光望着小英身影的消失。一次愉快的儿童游戏就这样半途而废了。在现实生活中干预孩子的现象就更多了。现在的独生子女家长中有一种过分保护的异常心理，似乎孩子不应有自己独立的意愿和行为，什么事情都应由家长包办代替，而且想得十分周到。孩子没有想到的，家长想到了；孩子没有说出来的事，家长早已准备好了。不论是什么事情完全要家长来决定和包办。这看起来是爱孩子，实际上是害了孩子。在孩子的生活中，什么事情都要家长来操劳决定，不仅增加了家长自身的劳动和心理负担，而且会养成孩子的依赖性格，甚至变态人格。他将来做什么事都可能没有主见，听从他人的安排。不说他在事业上难于有所创造和成就，就是生活上也难于自立和适应。所以，孩子自己的事情应指导和协助他自己去做出决定和行动，而不应该一切都由家长包办代替和作出决定。这样做，一方面孩子能更好地去贯彻执行决定，有利于培养其意志力，因为是自己决定的，不是他人的要求、被动的服从；另一方面可以提高孩子订计划作决定的能力，增加自信心、成功感和独立性。

# 53. 要尊重孩子的意愿

　　在一次刚刚下完雨的夏天，泥泞的道路上积水成潭，母子两人对此情景却表现出绝然不同的心情和态度。妈妈说："小刚，来，妈妈抱你，免得把鞋弄湿弄脏了。"可是，小刚却不愿意要妈妈抱自己过水滩，而非要自己走过去不可。4 岁的小刚怎能抵得过年轻妈妈的力气。不用说，小刚是在又哭又闹的情况下被妈妈强行抱过水滩的。过了水滩，妈

妈刚把小刚放下地，小刚却很快地从水滩跑过去，再从对面涉水过滩一遍。小刚为此而感到高兴和得意。可是却挨了妈妈一巴掌。小刚错了吗？没有。小刚的要求是合理的。因为这个年龄的孩子都喜欢玩水，何况又是在夏天。他在玩水的过程中可以了解水的特性，满足求知需要，达到心理平衡。我们说家长不能无限制地满足孩子的需要，并不等于说对孩子合理的愿望和需要也加以拒绝和否定。我们对于孩子的需要应该进行具体分析，其合理要求应适当满足。孩子正当的行为和合理需要没有得到满足而与父母顶嘴、对抗，不能认为是孩子任性、倔犟、不听话，而是家长自己不尊重孩子意愿和正当要求的结果。这要从转变父母的孩子观和改进父母的教养态度、教养方式入手。

# 54. 家长要从孩子的角度去想想孩子的问题

有不少家长总是念念不忘自己的"家长身份"。在教育孩子中，他生怕失去了家长的"尊严"和作用。殊不知，家长越是抱着这种态度去对待孩子，孩子的教育工作就越困难。这是家长不懂得"心理位置互换"的作用。要教育孩子，首先要理解孩子。而只有站在孩子的立场，以孩子的身份和心理才能真正理解孩子。我国行之有效的思想政治工作经验之一就是要求管理者、教育者能设身处地为自己的管理对象、教育对象着想，想他们之所想，急他们之所急。这种组织管理心理，在社会心理学中称之为"心理位置互换"。

心理位置互换在家庭教育中，既是家长的一种极为重要的思想方法，又是家长必须形成的一种心理状态。从现实生活中的许多事例可以看出，凡是父母与子女关系比较融洽的家庭，家长都能比较恰当地进行"心理位置互换"。相反，家庭中经常产生家长与子女之间的矛盾、对抗，多半是由于彼此相互不理解、不体谅、不为对方着想而"我行我素"所造成的。在当前的家庭教育中，有许多家长却顽固地坚持自己的见解和主张，不顾孩子的需要和任何特点，从而导演了一幕幕不应该出现的悲剧。这是当前值得重视的一种家庭教育幼稚病。

我们先从"琴键上的泪水"说起吧！近年来社会上掀起了一股"琴热"浪潮。"三琴"（钢琴、电子琴、小提琴）进入普通家庭是我国人民生活水平提高的一种重要标志之一。它对于我国人口素质的提高无疑会起到极大的促进作用。然而，也不能忽视，有不少家长由于要求过高，方法不当，把好事办成坏事。在各地经常可以了解到，就在这悦耳的琴声中，有不少孩子却洒下了许多伤心的泪水。他们的心灵受到了严重的创伤，乃至人格变态自残自杀。有位 7 岁的小男孩，不仅白天要上学，放学回来甚至晚上家长还要他弹琴。同伙伴们自由玩耍的时间和节假日完全没有了。金色的童年成为他痛苦的岁月。他虽然千方百计地想摆脱这种困境，但是总没有成功。一天，他凝视着文具盒中的铅笔刀，产生了自残手指的念头。经过一段时间的思想斗争，他终于下了决心，抓住自己文具盒中的这把锋利的铅笔刀，闭上眼睛狠狠地往手指肚上刺去并划成道道。在医院急诊室里，医生给缝了六针。医生感慨地说："这孩子真勇敢，这么疼的手术他竟然一声不哼。可惜啊！如果不好好休息，这只手恐怕伸不直了。"父亲听罢医生的话却惊叫起来："大夫，我的孩子还要学琴呢！"然而，这孩子便天真地跟医生说："医生伯伯，这回不用弹琴了！我又可以跟小朋友一起玩了。"显然，父亲的所作所为并不符合孩子的心愿和要求。如果父亲做到"心理位置互换"，也许就不至于使这位孩子做出自残手指的行动来了。

我们的家长都是从童年走过来的。而且童年的生活情趣可能还历历在目。为什么自己当了父母就忘记了自己的童年心态，而非要以成人心理和强制手段让孩子按自己认为理想的模式去塑造孩子呢？其重要原因之一就是家长们不能正确地运用"心理位置互换"去思考和处理问题。

有的家长说："我强制孩子学琴是为了孩子将来好。"的确，每个家长都希望自己的孩子将来能成为有作为的人才。可是，怎样才能使孩子将来有所成就呢？不少家长没有深入思考过。往往是随社会潮流而简单地作出主观决定并强制孩子去学习。至于孩子有无条件、有无兴趣和愿望则不加考虑。这种想法和做法看来似乎是为了孩子的将来，实质上却可能是为了父母自己的面子和满足自己的虚荣心的需要。如果真的是为了孩子的将来，就应该站在孩子的立场上好好想想，做到尊重孩子的兴趣和要求。根据其特点采取相应的教育措施，引导他在练习中得到

发展。

有的家长认为孩子小，可塑性很大，完全可以根据父母自己的意愿任意地加以塑造，要他成为什么家就可以成为什么家。他们过多地夸大了环境教育的作用，把孩子看做是消极被动的受纳器，否定了遗传素质的差异和孩子的主观能动作用。这种一厢情愿的教育方法多半是要失败的。

要想教育好孩子，首先要了解孩子，知道不同年龄的孩子有什么样的心理特点，有哪些不同的需要；还要了解自己的孩子在智慧和人格发展上有何特征。要了解孩子就要站在孩子的位置上和从孩子的需要出发去思考种种问题，设身处地为孩子着想，家长真正做到"心理位置互换"、能理解孩子并作出符合孩子愿望的决定，孩子就可能信服地听从家长的安排，积极从事种种学习活动，求得更好的发展。

# 55. 要引导孩子正确认识家庭民主

民主的潮流不仅冲击着全球社会，也激荡着每一个家庭。有一个孩子的家庭作业还未开始做，小伙伴们便来邀他出去踢足球。父亲见此情况，不仅没有同意孩子的要求，相反地在与孩子争辩时揍了孩子。孩子说："你不讲民主自由，我要去做的事你不让我做，我不想做的事你却偏偏要我去做。你打人就是法西斯，就是犯法。"爸爸说："对你没什么民主可言，服从就是民主，不服从就要打。"显然，父子俩都有不对之处。孩子的所谓民主，就是让他自由，自己想做什么就要做什么。父亲则缺乏民主作风，过于迷信棍棒教育。可见，父亲自身在增强民主意识的同时，还必须耐心地、正确地引导孩子认识家庭民主。应该看到，家庭生活民主化是要实行家庭的民主管理，让每个成员都有发言权。但是，由于孩子年龄小，认识肤浅，往往会错误地认为，家庭民主了，就可以不受家长的约束管理了。应该使孩子懂得，家庭民主发挥得越好，子女就越要尊重父母；父母讲得对的，就越要认真执行。因为民主是一种责任观念、义务观念，要孩子形成一种主人翁责任感。作为父母也应时刻注意提高自己的民主意识，不能总是在儿女面前摆架子，采取命令的态度，强制孩子去行动。家庭的重要事情要与子女商量，特别是关系到孩子自身的事情不要不经子女同意就完全由家长决定执行。孩子小时候学会了过家庭民主生活，长大了才能适应社会民主的要求。因为家庭民主是受社会民主化制约的，而且又是社会民主的一个组成部分。

# 56. 不能一概地认为孩子顶嘴不对

　　小浩在与一群邻居的小朋友玩打仗的游戏时，由于争当游戏指挥官一事，小朋友之间发生了争执。小路和小江都想当指挥官。可是，小浩认为小路比较好，便提议并大家同意由小路当指挥官。可是，小江不乐意，编造了谎话去向小浩的爸爸告状，说小浩不要他参加打仗的游戏。小浩的爸爸听了以后，不问清楚事情的真相便以武断的态度批评小浩说："你为什么不准小江参加打仗？"这时小浩感到十分委屈地说："我没有不准他参加，是小江自己不愿意当一个兵。"但是，爸爸对此并不相信，还认为小浩不应该对大人顶嘴。家长在一气之下打了小浩一巴掌。可是，小浩并不服气，他继续为自己辩解说："我没有错嘛！我没有错嘛！……"这位父亲更气愤地说："你这么小就敢跟大人顶嘴，那将来还得了……"又继续要打小浩，幸好小浩的母亲赶来，他才免去了再次挨打。家长对孩子的顶嘴要作具体分析，不能认为孩子为自己的行为申辩就是顶嘴，就不容他分说。法院判案经过充分调查研究以后进行时还允许犯人申辩和上诉。何况还可能是大人错了呢？为什么就不准孩子申辩呢？随着孩子自我意识的发展，他初步掌握了评价自己和别人的本领和独立生活能力，主观上认为自己已经长大了。另一方面家长往往又还是把孩子视为小孩子，不尊重他的意见和行动，无视他自我肯定的需要，使孩子难于接受。这样便造成了孩子顶嘴的现象。可见，所谓孩子的顶嘴一般说来是孩子自我意识和独立性增强的表现，是一种进步的

正常的心理反应，而不是什么失礼行为。家长不应该出于个人的面子和尊严轻意指责孩子的顶嘴是无规无矩、不懂礼貌、有失家教的行为。对于孩子的顶嘴，家长应该认真倾听，具体分析，循循善诱，不应该训斥打骂。如果孩子的顶嘴是有道理的，大人应放下架子，虚心接受孩子的意见并加以改正。而且对他敢于发表不同的意见据理力争的表现给予肯定、鼓励。与此同时还可以指出他的不足之处，提醒他以后对大人的要求有不同看法时，要注意时间、地点、态度和方法，以取得更好的效果。如果孩子顶嘴无理时，也应让他把话说完。然后认真、诚恳和耐心地分析其无理的方面，帮助孩子提高自己的自我评价能力。这样做，孩子也会心悦诚服地接受大人的劝告，使孩子变得更加成熟。

# 57. 要放下"大人"的架子

珊珊已经 3 岁多了。不论是自然世界还是社会生活，她都认识了不少事物。但是，由于有奶奶在家照料着她，便没有去上幼儿园。加上住的又是单门独户，邻居之间的小孩也很少往来。珊珊虽然能吃好、穿暖，物质生活很丰富，但是，她在与伙伴的交往和游戏活动方面却显得非常贫乏。她渴求与伙伴一起玩耍和做游戏。但是，这是难于实现的。因此只有把这种愿望转移到父母身上了。一天下午，珊珊的妈妈先回家，珊珊便要求妈妈来"过家家"。妈妈说："我不能和你过家家，我还要做饭呢！"说完便进厨房去了。珊珊的这种欲求并没有因为妈妈的拒绝而消失。当爸爸回到家后，珊珊又向爸爸提出要一起玩游戏的愿望。可是，爸爸的回答再一次使珊珊感到失望。爸爸说："我这么个大人怎么能和小孩做游戏呢？爸爸有爸爸的事情，你自己玩去吧！"珊珊失望了，只得闷闷不乐地呆在一旁生气。父母离家半天，孩子见到父母回来，热情地迎上去并要求父母和自己一起玩，不仅反映了子女对父母的依恋，而且也是孩子心理发展的需求。父母对孩子的这种表现，应该给予同样热情的支持，放下"大人"、"长者"的架子，平等地和孩子一起玩。这样不仅可以加深父母和孩子之间的感情，也可以使孩子学到许多知识，加速孩子的社会化进程。例如，做"过家家"的游戏，大人就可以扮演妈妈的角色，让孩子当助手，喂小娃娃吃饭、帮娃娃穿衣、盖

被，还可以嘱咐一句："别着凉了！"或说："唉呀！娃娃发烧了，快送到医院去看医生。"也可以接着说："娃娃的病要打针才能好。娃娃勇敢，打针不怕疼，也不哭！"像这样玩，孩子懂得了一些独立生活的知识和本领，又能使孩子体验到妈妈疼爱孩子的情感，有利于培养孩子的同情心和利他行为。如果独生子女的家长在家里不能主动热情地和孩子一道玩耍游戏，孩子又不能出门或上幼儿园和小伙伴们交往，孩子的人格正常发展必然会受到阻碍，严重者会形成变态人格。所以，家长在家里应放下"大人"的架子，以孩子的身份平等地和孩子一道玩耍，让孩子有一个真正的快乐的金色的童年生活。

# 58. 要改变"大人说话小孩听"的观念

在一些家庭中，大人给孩子立下了这么一条规矩：家里大人之间说话时，小孩不能插嘴说长道短。表面看来这是在培养孩子对长者的尊敬和礼貌。其实，这是封建家长式教育思想在家庭生活中的反映。认为孩子小、不懂事，在大人面前只能是唯命是从、驯服听话，不应该对大人的言谈有所表示。长期生活在这种心理环境下的孩子，既可能形成胆小、沉默、依赖性强、独立性差等毛病，又会阻碍孩子言语的发展、表达能力的提高及智慧的启迪。这是限制孩子个性发展的有害的教育方式。孩子出生后就已经成为一个社会成员。在这一点上，他和父母是平等的。在家庭成员之间，各自在人格尊严等方面也是平等的，父母、夫妻、儿女之间都应该相互尊重、理解和支持。而不应该自己是父母就不尊重儿女的人格尊严，剥夺其发言的权利。所以，在家庭生活中，不允许孩子参与大人的谈话是不对的。相反地，家庭生活中的重大问题的决定，特别是关系到孩子自身的问题，父母应主动邀请子女参与讨论，听取子女的意见和要求。这样做，不仅可以较完善地解决问题，而且有利于增加父母与子女之间的情感的亲密度，使家庭生活更加和谐温馨，并有利于发展孩子的智慧和独立人格。

# 59. 对孩子要少一些命令，多一些对话

　　有的家长过分强调自己的尊严和权威，往往以封建式的家长作风来命令孩子做这做那。哪怕是孩子自己的事情，家长也得包办代替去处理。当孩子对此有意见时，反而批评孩子不懂事、没良心。例如，有位学生说："我的父亲就有很多旧思想。他是不允许做孩子的提出异议的，即使我有较好的想法或做法时，他都认为不行，非听他的不可。"有的孩子说："我的父亲对我个人的兴趣爱好不仅不支持，还要横加干涉。我抱起吉他弹几下，他就讨厌发火，命令我不弹。我非常讨厌父母像控制机器人一样控制我。"在这种命令式的教育下，孩子的心灵受到压抑，出现厌恶、沉默、封闭、逆反的心理状态，导致孩子人格的畸形发展。如果家长改命令为对话，情况则完全不同。在命令式的教育中，孩子是一个完全被动的信息接受体，家长的不平等态度决定了孩子的心理需求不可能得到应有的重视和满足。孩子生机勃勃的积极主动精神自然受到压抑，孩子这种抗拒心理也就萌生了。其实，所有孩子都极乐意和家长对话。这不仅可以沟通信息，了解孩子，增强情感，而且也是教子做人的一种重要方法。孩子在和父母的对话过程中，不仅可以使孩子获得或认识外部世界的许多事物，体验到家庭的温暖，而且还可以感受到父母的充分理解、尊重而产生自爱自尊的意识，学会如何平等待人的行为规范。可见，"听话"（命令）和"对话"虽然只一字之差，但它却反映了两种绝然不同的家庭教育思想和教育方法。所以，家长应该学会和孩子对话，创造和孩子对话的气氛，做到彼此相互理解和谅解、沟通情感、

融洽关系，使孩子能健康地生动活泼地生活和成长。

# 60. 不要给孩子扫兴，而要助兴

古今中外毫不例外，所有的孩子都喜欢玩水，而且百玩不厌。一天，小林的妈妈装了一脸盆水准备做清洁卫生。3岁多的小林见妈妈不在，便高兴地折了一只纸船放在水里游来游去。当他兴致勃勃地"坐船旅游"之时，他的衣服袖子被弄湿，遍地都是溢出来的水。妈妈见到此景便十分生气，狠狠地训斥了小林一顿。她骂孩子不仅把一盆清水弄脏了，而且还把自己的衣服弄脏了，搞得遍地都是水。与此同时，她把孩子拉开，把一盆水端走了。小林对此感到非常扫兴和难过。其实，妈妈并不知道，水之所以有这么大的魅力为孩子所喜爱，是因为水所具有的无固定形体的可变特点与孩子的认识、兴趣、好奇心、求知欲相符合。所以孩子才特别喜爱玩水。家长遇到孩子玩水时，不仅不应该进行阻拦、干涉，相反应该高兴地和他一道折纸船、打水仗，让孩子玩得更痛快些。家长和孩子在一起玩的同时便可以告诉孩子许多有关水和纸的知识、作战的常识等，还可以发展孩子的兴趣，提出有关玩水的规则和要求，养成良好的行为习惯。因为当孩子对某一事物特别感到兴趣之时进行教育不存在心理障碍，他的注意会特别集中，大人的劝告和教育也会格外肯听、肯学。相反地，当孩子在情绪高昂的心理状态下，突然受到外力的强制，要他停止活动，孩子是很不愿意和很不愉快的。他对事物的兴趣和活动热情便会骤然下降，顿时会变得心灰意冷，甚至会有逆反心理和敌视态度。这时，家长的一切训斥和教育都难于被孩子所理解和接受。所以，对于孩子的一些自主性游戏和某种兴趣，家长既不要不闻不问，让它自生自灭，也不要在孩子兴致的火焰刚刚燃起时就把它熄灭，使他感到十分扫兴和难过。家长的正确态度应该是给予指导并和孩子一起玩耍和活动，给孩子助兴。这样就可以及时发现孩子的兴趣和特长并采取相应的教育训练措施，使孩子的兴趣更为浓厚、特长得到发展。

# 61. 不要总给孩子"算老账"

"恨铁不成钢"的父母，总喜欢用算老账的办法去教训孩子。他们以为这样做可以让孩子时刻记住自己的缺点错误，以鞭策孩子努力奋进。哪怕是孩子的毛病已经改过来了，往往还是旧账重提。父母的这番苦心和愿望是可以理解的。但是，站在孩子的立场上去考虑，孩子就难于接受了。据调查，孩子最讨厌的事情之一就是父母旧账重提。有个孩子曾经有过说谎的毛病。随着年龄的增长，她已经完全改过来了，也不愿再记忆这件令她羞愧的事情。可是，她的母亲却喜欢过不了多久就有意无意地提起这件事情。这使她产生了一种对母亲反感和报复的心理。她想，既然你总是要我记起这件事，我就再编许多假话给你听听。她就是用这种行为去发泄对父母的不满情绪。其实，父母旧账重提的动机是为了孩子能吸取教训，学会做人。但是，父母却不了解孩子此时此刻的心理状态；孩子这时却认为父母总是不信任、不放心她，使她在人格和尊严上受到损害，在行为上受到许多约束而感到难于忍受。如果父母总喜欢旧账重提，孩子就一定不会将许多发生在他身上的事情如实地告诉父母。当然，父母也就难于了解孩子并进行教育引导了。所以，对于孩子的一些过失，只要他承认并改正了，就不要总是挂在嘴边上说个不停地去数落他，即使是孩子犯了新的错误时，也不要采取新账老账一起算的办法去对待孩子。否则会使孩子失去上进心和自信心，甚至会"破罐破摔"。这样就不可能达到父母预期的教育目的。

# 62. 要指导孩子合理地使用零花钱

随着人民生活水平的提高，有不少家长不仅在过年过节、孩子过生日时给孩子许多"压岁钱"、"生日红包"，而且在平时也给孩子不少零花钱。在不少中小学生和幼儿的口袋里，经常都有几块钱或几十块的零花钱。究竟应该怎样看待这个问题呢？我们认为，在商品经济社会里，给孩子一些零花钱并能指导其合理地消费，对孩子的发展有一定的好处：一是能够让孩子在自己能支配的财力范围内，做到有计划地合理地进行消费，学会和掌握一些基本的生活技能，有利于孩子独立生活能力的提高。二是在意外情况下，急需开支一些费用时不致措手不及，无法解决，从而影响学习和生活。但是，如果给孩子的零花钱过多，而且家长又不指导孩子消费，就可能带来一些不良后果。一是养成喜欢吃零食的不良习惯。它有可能影响身体健康。孩子买零食多在个体小商摊贩上，此处的食品卫生条件极差，甚至可能有变质食品。孩子吃了容易传染各种疾病。孩子多半都是在上学或放学时去买零食。这样自然会影响课堂学习和消化功能，或是回家后不想吃饭，厌食正餐。二是养成随便用钱的不良习惯，不注意勤俭节约。例如有的孩子请他人做一次作业给一元，帮忙扫一次地给五角，洗一个碗给五分。这种行为有可能为日后的奢侈浪费埋下祸根。三是可能成为"小拜金主义者"，一切都要用金钱作为等价交换物，难于培养助人、利他和奉献的高尚精神。例如，把自己的玩具借给他人玩一天要二角，把图书借给他人看一天收二角，同座位的借用橡皮擦一次收两分，帮忙他人解答一道题收五分，帮忙他人作弊一次收一元。目前孩子的这些"拜金"行为是许多家长所预料不到的。虽然与社会上的"一切向钱看"的思潮有关，但不能不说也是家庭教育中的一个失误。我们不是一概地反对给孩子一些零花钱，而且希望家长指导孩子合理地花钱，把给零花钱和用零花钱的过程看做是教育孩子的过程，看做是让孩子学会生活的过程。否则，零花钱将会腐蚀孩子幼小的心灵，损害孩子的身心健康。

# 63. 对于孩子的说谎要作具体的分析

　　有不少父母，对孩子要求比较严格，希望孩子能养成诚实、不撒谎的习惯是应该的。但是许多家长对于什么叫做撒谎和孩子为什么说谎，完全是用大人的眼光和标准去对待，而没有从儿童心理发展的年龄特点去想过。结果，大人感到不满意，孩子也感到受委屈。彼此的隔阂越来越深，矛盾越来越大，导致孩子心理发展的障碍。对于孩子的说谎，一定要从儿童年龄特征上去作些了解和分析，或者说，大人要首先了解童心。对于小不点的孩子来说，他对日常生活和想象是混淆不清的。当他要改变或否定现实状况时，往往是按自己的想象和愿望来办理的。2 岁的孩子就可以拿着空瓶子假装在喝桔子汁。3～4 岁是孩子以想象为伴的年龄，也是想象生活的顶峰。因此，这时特别喜欢玩"过家家"、"医生看病"、"售票员"等游戏，喜欢听童话故事等。这时，孩子的胡编乱造并不是在撒谎，而是把想象当做现实，把自己和玩具打成一片的真情实感的表现。所以，我们不能把这个阶段孩子所发生的事情称之为说谎。在玩"过家家"这个游戏时，大人就应当和孩子一起做游戏，然后告诉他洋娃娃是不会吃东西的。大人和孩子一道玩耍会发展大人给予孩子的信任，有利于帮助孩子逐步区别现实与想象。随着孩子认识能力的发展，大部分孩子到了 7～8 岁时都知道什么叫说谎。但是，这时的说谎有两种不同的性质。一种是一般性的。孩子为了摆脱困境，避免情况复杂化，使客观事物按自己的意愿发展，保持心理的平衡稳定。另一种就是比较严重的或不良的、消极的。他用以对待父母、老人或比他年龄大的人。例如，有位 5 岁的孩子，早晨起床后就说自己肚子疼，并做出很难受的样子。妈妈看到此情景，便说："送你到医院去看看吧！"孩子说："不要紧，休息一会儿可能会好的。"妈妈便让他留在家里，不去上幼儿园。孩子就以此达到自己不愿意上幼儿园的目的。有时，孩子撒谎是怕受罚挨打；有时，孩子说谎是为了在孩子群中提高自己的身价和地位，满足自己荣誉感和自尊心的需要；有时孩子说谎是为了摆布大人、给大人开个玩笑。有时，大人的言行不慎或要求不切实际、不能为孩子所接受时，孩子为了避免与大人的冲突，也会说谎。所以，对于不同年龄的孩子，其说谎的不同动机应作具体分析才能有针对性地去进行引导教育。对于孩子真正的说谎不能采用打骂的高压手段或一场伦理的说教。如揍一顿屁股或说"撒谎并不光彩"的教训都不能阻止孩子继续说谎。如果代之以对话，紧张情绪就会消失，孩子也无需以谎言为自己打掩护。这样就可以让孩子知道自己错在哪里，并有勇气承认和道歉，鼓励孩子以后不要说谎。只要父母真正使孩子感觉到你在爱他、相信他，他就会自己说出真情，养成诚实的品质。

# 64. 对孩子的教育要"导"，不要"包"和"代"

现代家长要教育子女并不是要包办孩子的一切事情，而应该指导孩子独立地完成力所能及的任务。

不少家长不仅在家里不让孩子做任何事情，就是上学也代孩子背书包、代替孩子做清洁，这种本能地担心孩子受苦受累，而家长自己又心甘情愿地做牛做马的爱，其实是害孩子。理由是：①孩子从小不承担任何责任，就会逐渐形成独立生活能力差、责任心差、依赖性强的特点。②孩子过着饭来张口、衣来伸手的生活，不需要他付出一点努力去克服任何困难，孩子的意志力、坚持性和艰苦性就无从得到锻炼和发展。孩子形成的这些不良心理特点就会迁移到以后的学习、工作和生活中去，从而影响孩子学习成绩的提高、智力的发展和工作中的成绩。所以包办孩子的一切并非良策和真正的爱。

现代家长要教育孩子也并不是要代替孩子去选择志向、强制他朝自己所希望的方向和划定的框框去发展并包揽孩子的一切。而应该是从孩子的实际情况出发去积极引导孩子的发展，使他成为一个真正能独立自主、自尊自爱、自强不息的合格的社会成员。这才是现代家长对孩子负责、对国家负责的真正的爱之所在。

# 65. 家长对孩子积极的暗示比消极的命令好

　　不少小孩由于缺少玩伴或玩具或缺乏基本的识别能力，往往不加选择地找一些不卫生的脏东西玩。有的父母看到此种情况时，首先是对小孩玩这种不该玩的东西而感到讨厌和恐惧，而没有先想想孩子为什么要玩这些脏东西。因此，立即就训斥孩子一顿说："这些又脏又臭的东西玩了会得病的，赶快丢掉，再玩就打手。"假如孩子没有很快听从父母的劝告，父母便强行把孩子手中玩的东西夺下来，而且还一边骂一边打他。结果孩子不仅难于接受父母的这种简单粗暴的消极的命令教育，而且多少还会产生一种怨恨父母的情绪。其结果会养成顽皮的不良习惯。其实，不论什么人，受激励而改过是比较容易的，受责骂而改过则比较难。因为在一般情况下，人受激励时情绪是愉快的，别人为他指出的缺点他容易接受。而在受责骂时容易产生抵触情绪，对别人的意见不易接受，特别是孩子尤为喜欢听好话、戴高帽，而不愿听恶语训斥。所以，对孩子的行为采取积极的暗示比消极的暗示好。有位父亲看到自己的孩子玩脏东西时，并没有去训斥，更没有去夺掉，而是采用积极暗示的办法说："小民，这东西好脏好臭，我想你一定是不喜欢这脏东西的，而要一件很干净的是吗？你到房里去问妈妈要一样干净漂亮的玩具来玩好吗？"孩子听了这种劝说，自然地丢下脏东西而去玩别的东西了。这样既达到了家长的要求不玩脏东西，又没有损害孩子的自尊心和积极性。

# 66. 要耐心地倾听孩子的诉说

　　有位孩子在放学回家的路上，碰到一位老奶奶提着好多东西，显得非常吃力。这时，这位孩子便主动帮助老奶奶把东西提到家里。由于老奶奶家的路程稍远，这位孩子便没有按时回到家里。妈妈见孩子回来晚

了，不是先问孩子为什么这么晚才回来，而首先肯定地说："你今天又到什么地方去玩了，老实说！"尽管孩子把真实情况告诉了妈妈，妈妈还是半信半疑，使孩子感到受到莫大委屈。不说孩子做了好事，就是孩子做了错事，父母也应该热情地、耐心地听完孩子向你诉说实际情况；而不应该在孩子一开口述说情况时，就凭自己的生活经验或主观猜测而妄下结论。这样做的结果往往是错误的。不仅孩子不会服气，也会降低父母自身的教育威信。有时孩子就可能不愿意继续和父母交谈。因为他觉得坦诚地与父母沟通所换来的却是父母的误会和批评指责。这样下去，父母与子女之间就可能存在认识和情感方面的障碍，难于互相理解而形成所谓的"代沟"，使孩子的闭锁心理更为严重，不愿和父母交谈自己的心里话，甚至会发展成为孤僻、冷漠等内向性格特点。所以，明智的父母应该学会认真地倾听孩子的诉说，尊重孩子的人格，在明白孩

子发生事情的全过程后再开口与孩子沟通，谈谈自己的看法和建议。这样，父母才有可能对事物的性质作出准确的判断，对孩子做得好的给予肯定、鼓励和表扬；对做得不对的可以有针对性地去劝导孩子。孩子也容易接受父母的合乎情理的帮助和教育。

# 67. 让孩子参加家庭经济管理有好处

在一个夏天的晚上，很多人都在外面乘凉，我们听见母子俩的一席对话。孩子："妈！我明天还要去买一个更好的新足球好吗?"妈妈："你已经有两个足球，而且又还没有坏，还可以踢好长时间呢！再说，妈妈现在也没有钱了。"孩子："你和爸爸合起来一个月有几百元，怎么就没有钱呢?"妈妈再也无法用开支的详细数字来回答孩子的问题了。现在有不少家长对孩子的吃和玩很舍得花钱，但是其结果却养成了孩子大手大脚乱花钱的坏习惯。对于商品经济社会中如何培养孩子的经济管理意识的问题更没有提到家庭教育的位置上来认识，总是以传统的观念和方法来料理家政。他们认为家庭经济开支是大人的事，与孩子无关，何况孩子还年幼无知、不懂事。其实，家庭经济管理本身就是一种重要的教育因素和教育活动。孩子参与家庭经济管理有许多好处：①它体现了一种平等的人际关系，可以使孩子感到自己是家庭的小主人，有利于培养孩子的主人翁精神，提高独立自主能力，更加积极地主动地关心家庭的各种建设。②通过参与管理活动，可以使孩子学会安排生活、计划开支，不仅有利于培养家庭经济方面的成员，而且也为培养将来会管理国家经济的公民创造一定的条件。因为他将来必定要参与国家经济的建设和管理。③通过参与家庭经济管理还可以培养孩子具有集体主义、诚实、关心、责任感、认识和处理事务的能力，热爱劳动、懂得艰苦奋斗的好品质。④可以使孩子养成节约开支的好习惯和提高自我控制能力，控制自己一些不合理的欲望和要求。⑤在孩子参与管理过程中，可以委托孩子亲自去购买一些家庭日常用品，既学会生活和社交，又能提高他对大人的信任感和自尊心。所以，家长们不要低估孩子的能力，瞧不起他们。有时，孩子的意见可能比大人的看法还正确。所以家庭中，大人对小孩也应尊重。家长不应该认为小孩参与家庭经济管理会帮倒忙，怕麻烦。应该看到，这也是一种积极有效的教育活动。碰到大人与孩子的意见有分歧时，不能急躁、简单从事，而应该耐心说理和引导。必要时，还可以利用调查研究或"后果教育法"，以事实来证明谁对谁错。

有一位中学生的奢侈毛病就是通过自己两个月的管理家庭开支的活动而得到矫正的。

# 68. "你"、"我"信息的两种不同效果

在处理孩子的一些意外事件或孩子犯了什么错误时，许多家长都以传统的做法，用长者的身份去指责孩子、教训孩子，"你……"但这种方法并没有使孩子真正心悦诚服，真正受到教育；相反地还会带来一些副作用。儿童教育心理学的研究认为，家长在处理这一类问题时，家长在使用"你……"或"我……"时，会产生两种完全不同的心理效应。例如，"你不要再吵闹了！"、"你真顽皮，讨厌！"、"你为什么就不学好，真差劲！"、"你的行为真是幼稚可笑！"、"你真没出息！"……"你"的这些信息对于孩子来说，很容易给他形成一种被父母"指控"、"蔑视"的印象。因此，孩子对于"你"的这种信息的反应往往就会产生一种防御、自卫、反驳甚至是抵抗的言行。其结果会使孩子难于接受教育，改正缺点和错误。假如，父母用"我……"来表示则又会出现另一种情景。如"我对此感到很生气！"、"我对此感到很不舒服，我不喜欢你那样做！"、"我希望你下一次做得比这次要更好！"、"我相信你可以成为一个有作为的人！"……父母在这些"我"的信息中，既表达了自己的感受和体验，又表示了自己对孩子的信任和希望。这样做，不仅不会造成父母与子女之间情感上的伤害，又能有效地增强孩子的自信心和自尊心，使孩子能更好地关心体贴父母，严格要求自己，沿着正确的道路健康发展。所以，在和孩子交谈和处理孩子的问题时，尽量不要用"你

……"的指责语句，而用"我……"的富有情感的话语。当孩子感到自己被父母所关心、温暖、亲近时，他会对自己更加严格，努力使自己在各方面都求得更大的进步。

# 69. 家长要学会劝说子女

某报曾经报道过一位母亲与孩子的一段对话。这个小男孩大概在前一天因为牙痛很难受，在上课时嘴巴便动个不停。不料被上课的老师发现并主观地批评他"上课吃东西"。为此，孩子感到极大的委屈，心里十分难受。他回到家里便把自己所受的冤屈向母亲诉说，母亲当然对孩子表示同情。第二天，孩子上学前，便出现了这场母子对话。母："你今天到学校去同老师说说清楚，光把嘴撅得老高有啥用？"孩子气鼓鼓的一声不吭。母："我说的话你听见没有？"子："我不去说，要说，你去说好了！"母："为什么让我去说，是你受了冤枉，又不是我受了冤枉。"子："冤就冤，谁去同他（指老师）说！"母："你这么怕见老师，真没有出息！"子："随我去没有出息好了！"母："小劣种！"母亲抱着一番好心开始的劝说，却以孩子不领情意使双方都不愉快而告终。为什么这位母亲的劝说会失败？最主要的是母亲不了解孩子还有满肚子的气未消。加上母亲对孩子的劝说还有讽刺之意，使孩子气上加气，当然不易接受，反而为劝说制造了心理障碍。当孩子未能接受劝说时，母亲又过于急躁并以鄙视的口吻说他"真没出息"，甚至骂他是"小劣种"，伤了孩子的人格和自尊心。自然这种劝说也就只有不欢而散了。可见，家长一定要学会劝说子女这一教育艺术。劝说时应注意：①家长首先要设身处地站在孩子的立场上为孩子着想，了解孩子此时的真实情绪状态。一般情况下，家长对子女劝说时，多半是孩子碰到了不顺心的事，受到了委屈，出现了消极情绪。因此，这时不宜就事论理劝说。不然会引起孩子的反感，认为家长在教训他。②家长劝说时一定要心平气和、耐心地诚恳地劝说。产生消极情绪时的孩子，对别人的劝说特别敏感，稍有一些不实之词都容易激起自尊心的抗拒，引起孩子的反抗情绪。因此，家长千万不要凭一时激动而乱说一通。③要针对孩子的性格特点，采用就事诱情的办法，用得体的语言，具体准确地说出孩子心中的苦闷和痛苦。这样孩子就会感到只有你才真正地理解他，是他的知音，从中获得

力量，排除消极情绪，恢复心理平衡。④在没有情绪障碍的基础上，就可以进一步告诉孩子，将来如果遇到类似的情况时，应该如何处理的一些具体方法。这样就可以不断提高孩子的社会适应能力。

# 70. 孩子离家出走多半是
# 父母教育不当造成的

我们经常在电视节目、广播节目或码头车站等地看到或听到寻人启事的广告。在广告的后面还有×××听到（或看到）后迅速回家，你父母非常想念你或着急。显然，是孩子离家出走给全家甚至亲戚朋友带来了不安。我们可以仔细分析一下，出走孩子的心理主要有两种：一是被父母的打骂逼走的。孩子由于无法忍受父母的种种苛刻的要求和严厉的惩罚而不得不离家出走。二是由于长期溺爱，养成严重的任性毛病，因自己的欲望未能得到满足而故意出走。他把出走作为恐吓家长并使家长屈服自己的一种手段。例如，王宁是个小学五年级的男孩子，出生在一个知识分子家庭，父亲是大学讲师，母亲也是中学教师。王宁的学习成绩是很不错的，平均都在85分以上。他除了认真学习之外，还有不少业余爱好。例如，他饲养了六条金鱼，两只鸟，还喜爱音乐、拉二胡，可以说是一个全面发展，多才多艺的好孩子。但是，王宁的父母却不这么看，认为养鱼、养鸟、拉二胡有碍文化知识的学习，将来成绩不拔尖就考不上重点中学和大学。父母不仅要求孩子门门功课90分以上，而且没有和王宁商量，更没有征得王宁的同意就采取"断然"措施，打破了鱼缸，压扁了鸟笼，就连从邻居孩子手中借来的二胡也被弄坏了。每天孩子放学回家，就把他关在房里读书做作业，并由父母二人轮番作监视性的辅导。父母还说："将来考不上名牌大学就不认你这个儿子！"父母就这样给王宁施加种种心理压力和精神负担。王宁在这种情况下生活学习了几个月。但是，由于王宁的心理极度的不平衡，学习成绩不但没有上去，反而下降了。在期终考试时，王宁的成绩不理想，父母一气之下打了王宁一顿，以示惩罚。父母哪里知道，王宁更无心学习了。他私下偷了家里的钱和粮票到千里之外去拜师学艺。孩子出走后，父母已后悔莫及！显然王宁完全是被父母逼走的。

西贝的父母是工厂里的干部和工人，对孩子从小娇生惯养。他吃面包还要蘸蜂蜜。有一天恰巧蜂蜜已吃完。妈妈连忙把白糖从瓶子里挖出来给西贝，西贝见没有蜂蜜便一掌把糖瓶打在地上并大哭、大闹非要吃蜂蜜不可。妈妈花了半天的工作日买来蜂蜜后西贝才罢休。一天，西贝和爸爸去逛商店，西贝见厨窗有一条电子轮船，便不肯离开非要买下。由于价钱太贵（50多元），爸爸当时没有答应。西贝当即就在地上打滚

哭闹。在众人面前，爸爸觉得太丢脸了，便扬手轻轻地打了西贝几巴掌并强行把他拉回家里。西贝回到家里仍然不依，乘父母不在时便跑出家门。当别人问他："你跑到外面去，你不怕父母着急吗？"他却说："我就是要让他们着急，谁让他们不听我的话呢？"可见，西贝的出走动机虽然与王宁不同，但实际上他仍然是父母教育不当所造成的后果。

王宁和西贝离家出走的动机虽然不同，但是他们共同的特点都是处在少年期，这就告诉家长们要学一点儿童心理学知识，了解不同年龄孩子的心理特点。当孩子到了少年期时，就不应该用对待幼儿的方法来教育孩子，更要注意对孩子的尊重、理解、说理和引导。

# 71. 孩子逆反心理的由来

有位5岁的小男孩，总喜欢摸这动那，为此经常挨父亲的打骂。可是，孩子并没有因为父亲的打骂而使自己的行为有所收敛。相反地，只要父亲说"不行"的事，他却千方百计地去试一试。冰箱门常被拉开，收录机的键盘被按坏，电视机的插头也被搞坏了几个。总之，孩子由于经常挨骂甚至挨打而得不到情感上的满足，活动又没有得到大人的正确引导，因此形成了一种反抗心理和情感危机，仇恨自己的父亲。有一次，父亲正在看书，突然发现儿子正在用冲锋枪瞄准自己，过分维护自己的尊严的父亲，突然转身一把抓住了枪管，企图夺下冲锋枪。就在这时，儿子猛然地扣动扳机，枪管里"突！突！突！"地冒出了一串串火花，并且用力地从父亲手中夺过枪管喊道："打死爸爸！打死爸爸！"表现出一副凛然不可侵犯的样子。这时父亲却感到一阵阵的心酸和愧疚。

他问:"儿子,你为什么要'枪毙'爸爸?"儿子回答说:"爸爸坏,爸爸爱骂人、打人,我不喜欢爸爸。"爸爸再问:"你恨爸爸吗?"儿子回答说:"恨!恨!恨!"眼眶里还溢满了泪水。为什么自己抚育的儿子却要把自己"枪毙"呢?这不能不说是父亲的责任。因为孩子的求知欲、好奇心都很强烈,他们对什么都感到新鲜好奇。假如这位父亲能根据孩子的这种心理特点,以亲切耐心的态度对待孩子的好奇心,积极引导孩子去了解他想知道的东西,或者经常和孩子一道玩耍,孩子就可能不会出现调皮行为。如,他要拉开冰箱看,家长可以让他拉一拉,让他看看冰箱里可以装什么,体会拉冰箱的味道,并可以跟他讲道理,告诉他冰箱不能经常拉开,因为经常打开冰箱会浪费电而且容易搞坏冰箱。他想开收录机,家长可以告诉他开的方法,给他讲每个按键的作用,哪个键是放音的、哪个键是录音的等等。更重要的是平时要注意培养孩子正当

的兴趣爱好，创造一个有利于正当玩耍的良好环境。这样便可以把孩子的注意力引导到积极的活动中去。既满足了孩子的好奇心，又能使孩子感到父爱，从而增进父子之间的感情。这样做，就不会使孩子产生情感危机和逆反心理。

# 72. 孩子不听话打屁股、打手掌都不好

　　"不打不成材"、"棍棒底下出孝子"的教子观在我国已有几千年的历史了。随着文化教育科学的发展、父母的教育素质有所提高，许多家长都反对严厉地打骂孩子。但是，也有不少人认为，孩子淘气或不听话时，打一下还是很管用的。他们认为，只要不打头部和身子，打打屁股或打打手掌还是可以的。其实，打屁股或打手掌都是有损孩子身心健康的。被打过的屁股，一般在皮下可能有大面积的瘀血。瘀血量大，必然导致血管阻塞，造成血液循环障碍，减少回心血量。孩子挨打时，多处于精神紧张状态之中，甚至恐惧、害怕而产生脸色苍白、四肢发抖、皮肤冷湿、脉搏细数、血压下降、尿量减少、烦躁不安、反应迟钝、神志不清等症状，严重者则可以发生昏迷直至死亡。夏斐等几个孩子就是这样被打死的。人的手是人类所特有的认识世界、改造世界的特殊工具。它有丰富的神经和血管。更为重要的是，手与人的大脑有着极为密切的关系，假如打手而致伤致残，不仅影响孩子的学习活动，而且会贻误其终身。所以打手的教育方法也是不可取的。因此，孩子不听话、调皮、淘气时，既不要打屁股，也不要打手掌，而应该进行说服教育或采用其

他的惩罚批评手段。

# 73. "打一巴掌揉三揉" 不宜提倡

　　北京的一家大报于 1989 年 10 月 18 日刊登了一篇文章，很赞同北京人的一句老话："打一巴掌揉三揉。"他把这句话看做是"一本教育儿童的专著"。在北京的另一家有影响的刊物上，也于 1989 年第 9 期发表了一篇文章，议论巴掌教育的功能。看来，打孩子好像是这些成人教育孩子的绝招了，成了天经地义的事情。

　　安全的需要是人之本能，是一种自卫防御机制。怕挨打或挨了打的确在克制自己的欲望方面能起到一定作用。然而，家长打了孩子，仅仅是满足了自身的愿望，平衡了自己的心理状态，而没有考虑到或根本就不管孩子是否能达到心理上新的平衡。支持打孩子的人，也只看到打了孩子后，可以暂时控制孩子的一面，而没有看到打了孩子后可能诱发出其他问题的另一方面。孩子挨了打，没有从根本上解决行为动机问题，孩子的某种欲望和追求并不一定就因挨打而消失；相反地，还可能会以另一种形式在其他时间、场合中表现出来。再说，孩子挨了打，可能产生副作用：①打孩子是一种逼供信的手段。它可能导致孩子以后犯了错误或有了过失再不敢承认而说谎，或者说出自己的违心的话，形成孩子不诚实的双面人格。不少孩子所以撒谎，多半是家长打骂所导致的结

果。②挨了打的孩子往往会从家长身上学会"用打人对付他人"的本领。当孩子与他人交往中，若发生矛盾争执时，他就可能用像家长打他的方式去对待别人。③打人本身是违法行为。大人都可随意违法，诉诸于武力去解决问题，岂能教育孩子守法或不打架、不打人。④打孩子是一种无能的表现，说明自己是个不称职的家长。⑤家长发怒万一失手打了孩子的要害部位，造成孩子生理上的残疾，甚至贻误孩子的一辈子或孩子的下一代，父母将会悔恨终身。⑥揉与打的心理功能不能对等，揉三揉的报酬和安慰并不能抵消打一下的心理效应。因为打属于外因性强刺激，留下的印象最深刻。⑦孩子挨了打，往往会产生情感上的隔阂，疏远亲子关系，不仅增加了儿童道德认识中的"意义障碍"，难于接受父母的教育，而且还会形成孩子孤僻、倔犟等毛病，为"代沟"埋下了种子。所以，"打一巴掌揉三揉"并不是明智的科学的教育方法，不宜提倡。

# 74. 不能把孩子当做自己的私有财产

在炎热的夏天，谁不想找个阴凉的地方避避暑或到水里去泡一泡呢？小孩就更不用说了。因为他更难于忍耐火辣辣的太阳，而且小孩本来就喜欢玩水。小年是个独苗苗，父母特别疼爱和保护他，生怕他有什么三长两短而"断了香火"。所以，小年家里规定小年不许和小朋友到小河边去玩或游泳。小孩怎能像大人一样控制自己的行为呢？一天，当小年看到许多小朋友在小河里游水玩耍时，便忘记了一切地奔向小河参加"水战"。正巧，小年的爸爸回来看到了此情此景，便命令小年快上岸来。小年看到爸爸这种威严神态早已害怕了三分。当小年刚走到爸爸面前，迎接小年的便是爸爸的鞭子，把小年打得喊爹叫妈地哭。一位邻居看到孩子挨打而且在哭喊，便过去劝说。可是，小年的爸爸说："你别管闲事，孩子是我的，我想骂就骂、想打就打，任何人都管不着。"他不由分说地照样打小年。邻居见他无礼，当然也就不再劝说了。

教育小孩要注意安全，没有大人带领不应该去水里玩耍和游泳是对的。但是，不应该狠狠地打孩子，更不应该认为孩子是自己的私有财产，想怎样对待就怎样对待。别人婉言相劝，说别人多管闲事就更不对了。这是对别人不礼貌的表现。孩子是你的，但又是国家和民族的，如果仅仅用"孩子私有"的观念来指导自己的家庭教育，就会采用狭隘的观念去熏陶孩子，使孩子偏离社会要求的轨道，使其身心健康发展都受到影响，其结果是害己害子害国家。所以，把孩子单纯地看做是自己的私有财产是不可取的。

# 75. 借"爸爸"的责任在爸爸

听说某校小学三年级学生军军，聪明活泼，调皮，心眼多。但是很贪玩，学习不用功，考试成绩总是距家长要求甚远。每当作业本要家长签字或学校召开家长会时，他就十分恐惧、害怕挨爸爸的打。因为军军爸爸规定，所有考试成绩必须在 90 分以上，否则就以鞭子相待，甚至拳打脚踢。军军已经吃过这种苦头。新学年开始，军军班上换了一个新班主任。他灵机一动，想了一个歪主意，认为新班主任不认识爸爸的字迹，便把自己的作业花点钱请个民工代签字，开家长会也请民工去参加。军军就这样借"爸爸"混过了好长时间，直到班主任进行家访时才揭开这个骗局。不用说军军又遭到了一次更为严重的毒打。军军借"爸爸"签字和参加家长会肯定是错误的。但是，责任不完全在军军身上，可以说，很大程度上是军军爸爸的错误教子方法所造成的。一是军军爸爸硬是规定考分在 90 分以上是不妥当的。因为仅从他个人的分数不能完全代表他的学习成绩的好坏。只有把他的分数与全班同学相比较才能了解其学习成绩的好坏。例如，全班平均成绩为 98 分，90 分的成绩就不算高。如果全班最好的成绩是 81 分，平均成绩只 65 分，那么 79 分的成绩也属优秀。可是，军军的爸爸不懂这个道理而作的规定，给军军产生了很大的心理压力。二是军军没有达到 90 分就要挨打，这就使得军军更加感到害怕。他为了不挨打，避免皮肉痛苦，便去借"爸爸"了。所以，从某种意义上说，军军借"爸爸"是爸爸逼出来的。如果对军军的分数能实事求是地进行分析，对他给予科学的引导和说理教育，就可能不会出现借"爸爸"的闹剧了。

# 76. 不要让不正之风污染孩子的心灵

　　不久前，有一所小学对在校学生进行了一次很有意思的抽样调查。调查的目的一方面是为了了解家长教育素质方面的情况；另一方面也是为了了解学生的思想动向，便于有针对性地进行教育引导。调查的问题是，要求学生按多少的顺序和关心程度填写出父母在家庭内平常谈论最多、最关心的事情。调查结果中，有相当一部分学生的答案说明，这些孩子的父母在家庭中反映出来的最关心、谈论最多的前三名是"拉关系"、"送礼品走后门"、"奖金"。关心孩子考试的问题名列第四。有关道德情操、助人为乐等项目则居于最后一位。这个调查对于家长来说,一方面反映了当前不少父母自身修养不良和污染了家庭教育环境;另一方面也说明这些父母缺乏教育孩子的自觉意识,不懂得或不注意自己的言谈时时刻刻都在影响着孩子的幼小心灵。父母自身的某些缺点也许是时代所造成的。但是,我们不应该将自己的缺点再传染给下一代。父母在家庭生活中随时随地都应该明智地"检点"自己的言行,以免孩子受到家长的不良影响。因为幼小的时候所留下的印象,哪怕是极其微小的,都会有着极为深刻而长期的影响,常言说:"起端虽微,流弊必大。"试问,如果孩子们长大了都像自己的父母那样去拉关系,送礼品走后门,捞奖金,社会风气将何时能好转,祖国的四化建设何时能实现呢?所以,从国家和孩子发展的角度出发,父母不仅要检点自己的言行,更重要的是要努力提高自己的道德修养和情操水平,只有这样,才算是一个真正的合格的家长。

# 77. 不要把父母的坏毛病传给孩子

有一天,我们看见一个不到 2 岁的孩子,拿着一个象棋使劲地往凳子上一拍并同时大声地叫了一声"三条"(麻将牌中的一个名字)。我当时很吃惊。怎么这么小的孩子会把象棋当麻将,而且完全像大人一样的一边把"麻将牌"打出去,一边大声喊"三条"呢?这无疑是父母的影响。联想到现在有不少年轻的父母,或是在节假日,或是在周末,更有甚者是在平时都喜欢打麻将赌博。而在我国的核心结构家庭里,一家只有三人，即父母加一个孩子。所以只要有一个人上阵或者夫妻二人都上阵，孩子就成了父母打麻将的观众。久而久之，孩子也学会了打麻将。有时，父母在打麻将时，他们还能当"参谋"。这不仅影响自己的工作，有的也影响夫妻儿女之间的关系，给孩子很不好的影响。近期有不少儿童向报社投书，他们大声疾呼：爸爸妈妈，不要打麻将赌博了。麻将牌本来是一种娱乐工具，如果打麻将单纯是娱乐，则有利于调节身心，有益于孩子智力的发展。问题是当今打麻将的人绝大部分是在赌钱。这样孩子在旁边观看或参与，不仅学会了打麻将，更为严重的是还学会了赌博。这样，对孩子将来的发展是极为危险的。它将在孩子幼小的心灵种下祸根。因为孩子小，他们正在长知识的时期，他们模仿能力强，而是非观念却很差。看见父母打麻将赌钱，他也会从父母那里模仿学习，慢慢就会养成赌博的习惯。这样下去，不仅影响孩子的学习，还会耽误孩子的前途。因此，父母一定要注意切不可把赌博这种恶习传给了孩子，最好的办法是自己不要再去打麻将赌博了。

# 78. 夫妻不和会给孩子心灵留下难以医治的创伤

有位发誓永不结婚的姑娘说："我是在父母的争吵和打骂的惊吓中长大的。从小就缺少父母的爱和家庭的温暖。父母之间长期的无休止的争吵和打骂，特别是父亲对母亲的那种野蛮、粗俗、敌视的态度和行动，深深地伤害了我幼小的心灵。感到结婚太可怕、太残酷了！这种严重的心灵创伤是永远难于医治的。现在我虽然已到了结婚的年龄，可是，我却极度地厌恶婚姻和家庭。当然也就会避开男人、冷淡求爱者，尤为憎恨那些对子女不负责任的父母。他们只图一时的快乐和个人私欲的满足，既不负责地孕育了一个痛苦的生命，也不想想自己的言行给孩子心灵所带来的严重创伤。"我们从这位姑娘的诉说中，可以清楚地告诉现代父母们，家庭教育，不仅是面对面的对孩子说教，更为重要的是父母自身的行为所给予孩子的潜移默化的影响。良好的夫妻关系、和谐的家庭气氛对于子女的人格和智力健全发展以及成人以后的生活都是极为有利的，夫妻关系不协调、成天争吵打骂给子女的人格发展以及以后的生活都会带来严重的不良后果。这对于父母自身、对孩子自己、对社会和国家、民族都是有害的。

# 79. 教孩子学唱有益于身心发展的歌曲

有一次，我们去看望一位年青朋友。我们到了他家里，正值父母儿子在饭后小憩。这个 5 岁的小宝宝长得健壮、聪明活泼，两个小酒窝很逗人喜爱。我们问他会不会跳舞，他说不会。我们再问他会不会唱歌，他说会。我们就请他为我们表演他认为最好的一支歌。他便大大方方地放开歌喉唱着："你到我身边，带着微笑，带来了我的烦恼，我的心中早已有个她，哦，她比你先到……"我们问他这首歌唱的是什么意思，他说不知道。我们又问他："是谁教你唱的？"他转过身看了看妈妈的脸色和收录机便再也不敢说话了。至此，我们也便略知一二了。

随着物质文化生活的改善，人们对于精神文化生活的需求也提高了档次。收录机已遍及城乡家庭，音乐欣赏也成为人们生活的必须。这对丰富个人和家庭生活、提高民族素质是很有益处的。特别是青年夫妻，喜欢欣赏爱情歌曲也在情理之中。但是，他们并没有想到自己所喜欢的爱情歌曲是否适合孩子听。由于孩子模仿能力强，自然很快就拜音乐磁带为师而学会唱了。可是，正值父母沉醉在爱情歌曲并欢笑时，那些情歌却会给孩子的心灵带来不良后果。马克思说："音乐是人类的第二语言。"作曲作词者所创作的歌曲，就是音乐语言。如果给孩子一些优美、愉悦的歌曲，可以陶冶孩子高尚的情操，促使他健康成长；如果是怪诞、萎靡、刺耳的一些不适合孩子年龄特点要求的歌曲，就可能污染孩子的心灵，甚至会形成抵制健康音乐和歌曲的情绪。幽雅的音乐歌曲是向幼儿进行美育的重要手段。2 岁的孩子可以伴随歌曲的节奏表现出一些和谐简单的动作。3 岁的孩子则能以自然的声音有表情地唱歌并表演一些舞蹈动作。到了 5 岁他就具有一定的音乐感和听音能力，能够欣赏一些简单的形象性强的歌曲了。所以，年轻的父母不能以自己的爱好强加给孩子，或选择孩子不宜学唱的歌曲教他唱。而应该选择一些旋律优美、节奏欢快、情绪活泼、有益于孩子身心发展的歌曲给孩子听或教孩子唱。

# 80. 父母应该了解孩子看什么书

　　许多父母只是以"自己尽到养儿育女"的旧观念出发，成为"衣食父母"，而对于儿女的健康成长往往注意不足、观察不细。更多的也只不过是问一下学习成绩如何，很少注意其品德行为的发展。这是当前家庭教育中一个极为危险的倾向。当然，父母要保证儿女的衣食。但衣食足不等于孩子就能成材。上海市普陀区某中学有个男学生，年龄 14 岁，刚进入青春期。有一次放学回家途中，他因拦路猥亵、奸污幼女而被公安机关拘留审查。他的父母接到公安机关的通知后，感到不可思议，惊得目瞪口呆。因为在父母的脑海里，他们的这位独生儿子是个最爱读书、斯斯文文的书生，无论如何也不会干出这种坏事来的。后来，看到了这位少年犯的交待材料才真相大白。他进入青春期以后，就无法控制自己的性欲望，总想接近异性，探究异性的秘密。就是在这个思想情绪迷茫的时候，他从伙伴手上得到了几本黄色书籍和手抄本。他便如获至宝、爱不释手、如饥似渴地躲在家里看，而且经常看到深夜。他由于受到了几本黄色书刊的毒害，便产生一种强烈地想去尝试性行为的欲望，从而走向了犯罪的道路。父母为此后悔不及。原来儿子经常深夜看书并不是看课本或参考书，也不是父母给他买的科技书籍，而是黄色书刊。可是，父母以为儿子是勤奋学习，内心暗暗为有这个好儿子而高兴。哪里想到儿子长到这个年龄，心理上会有这么大的变化，做出这种事情来呢？这件事一方面说明我们的家庭教育和学校教育应该及早地对孩子进行科学的性知识教育和性道德教育；另一方面，作为家长应该更细心地观察和了解孩子的言行及其种种微妙的变化，不能只表面地看到他在读书，而不问孩子在读什么性质的书。如果父母能够做到这些，孩子到了青春期就可能容易抵制社会上不健康的东西的诱惑和毒害。

# 第三编　知识、智慧与能力

# 81. 强迫孩子识字并不好

最近，有一位母亲十分苦恼地诉说，过去孩子还愿意识字，可是，到了3岁时却不愿意认字了。对此感到十分为难。据了解，这位母亲是受了"零岁识字3岁扫盲"的激进宣传的影响，盲目而机械呆板地强迫孩子花很多时间去认字，剥夺了孩子游戏玩耍和交往活动的时间，使他失去了童年的乐趣，羡慕别的孩子嬉戏玩耍。所以孩子对坐在家里认字便感到厌烦而不愿意。孩子这种厌烦认字的心理状态如果继续发展下去，一方面会由于心理上的需要受到压抑而变得性格内向，脾气古怪，

影响其他能力的发展；另一方面可能会削弱孩子对知识学习的好奇心和求知欲，甚至导致日后形成厌学心理。认字本是孩子很感兴趣的有益的活动。但是，采用强制办法却会适得其反，近期看来有一定效果，但从长远和孩子身心全面发展上看，是不可取的。只有按照儿童身心发展的规律，采用适合儿童心理特点的科学的方法教儿童认字，才有可能达到预期目的。可见，做家长的，要认真学一点儿童教育心理学，不要轻信一些不负责任的宣传，盲目照搬他的经验。

# 82. 孩子的玩也是一种学习

不少父母由于受旧的教育思想影响较深，加上又希望自己的孩子将来能上大学读书，因此，从小不点开始，就十分关心孩子的书本知识学习，而对于孩子的玩却是多方限制、百般阻拦，生怕影响了知识学习、智力开发，致使将来考不上大学。例如，李红虽然年纪小，但从幼儿园起，就是过着幼儿园——家里的直线式生活，几乎没有个人玩耍和自由活动的时间。孩子无节制的玩当然不好。但是，适当的玩耍并不是一件坏事，而是一种适合儿童年龄特征的重要的学习方式，是课堂学习的重要补充。玩是一种最广泛的学习，狭义的玩主要指游戏玩耍、文体活动等。广义的玩还包括各种文艺、工艺、科技、旅游等各项活动。正当的玩并没有害处，相反地它有许多好处：①玩可以调节孩子的学习情绪，尽快消除脑力劳动带来的疲劳，有利于提高学习效率。②玩可以促进孩子的智力发展。因为外界环境中丰富多彩的刺激，可以使孩子见多识广，开拓视野，达到充实、巩固、应用在幼儿园或学校学到的知识。③

玩可以促使孩子的人格得到健康发展。因为孩子在与别的孩子玩耍游戏的交往过程中，可以学会如何团结互助和谦让、积极主动地克服困难、承担各项义务和责任等。④玩有利于发现孩子的特长，更好地进行因材施教。所以，父母对于孩子的玩不应作过多的干涉和限制，应给予热情的支持鼓励。父母的责任不在于禁止孩子玩，而在于加强对孩子的观察，有计划地适时地加以引导，针对孩子的特殊兴趣加以培植和发展。在可能条件下，父母还应该尽量参与孩子的玩，放手让孩子尽情地玩。

# 83. 玩具的价值不在于钱多

有许多家长认为，要给孩子买玩具就要买高档的，甚至舍得花半个月的工资去买一件玩具。似乎玩具不仅可以满足孩子的好奇心，也是满足家长的荣誉感的一种工具，是家庭经济和社会地位高的一种象征。这是对玩具功能的一种曲解。其实，玩具本身价值的大小，并不在于它是否昂贵。以开发孩子智力和发展个性来看，有些昂贵的高档玩具倒不一定比低档玩具的作用大。因为高档玩具多属封闭式的，而不能随意拆装，甚至少了一个小零件它就成了一堆废物。而低档玩具却不一定有上述不足，它可以更好地满足孩子的好奇心，发展孩子的想象力、创造力和动手能力。它们对孩子却有无穷的魅力，例如，水、沙和泥这些自然物到处都是。但是，古今中外没有哪一个孩子不喜欢它们的，而且百玩不厌。因为它们没有一个固定的形体，能够任凭孩子们的意愿和想象去进行塑造，从而可以极好地满足孩子的好奇心、求知欲，充分发挥孩子的创造力。所以，玩具不宜以价钱高低为标准去选择，而应该从最富有教育功能和安全、卫生等的角度去评价和选用。应该提倡充分利用家里的废旧物品（药瓶、火柴盒、破衣服、袜子、旧报纸等等）自制各种玩具。从培养孩子的个性、发展孩子的智慧方面看，它有购买玩具所无法代替的教育功能和作用。

# 84. 应该让孩子学会自己玩玩具

　　有一天，冬冬的妈妈花了几十元钱买了一列大型玩具火车带回家来。冬冬见了非常高兴，便立即伸出双手去接，想尽快地看看这玩具是什么样的，该怎样玩。可是，妈妈却不让他接，更不让他去开动。妈妈说："这列火车花了很多钱买的，你要爱惜它，千万别弄坏了。若弄坏

了，以后妈妈再也不给你买玩具了。以后玩的时候只能大人来开动，你只能看，不能动。"冬冬只有怀着不快的心情目不转睛地看着妈妈是如何开动火车的，火车又是怎样运行的。第二天下午，冬冬由于好奇心的驱使，当妈妈上班后，自己便偷偷地去玩"火车"。但是，由于妈妈没有教会他如何开车，结果刚买回的火车只玩了一次就被冬冬弄坏了。妈妈回到家里见到此情此景，又气又恨地打了冬冬，说冬冬是个败家子。这是冬冬的过错吗？不是。这是妈妈的过错。既然是买给孩子的玩具，而不是"看具"，当然应该教会孩子如何玩，让孩子学会自己玩。只有这样，才能真正发挥玩具的教育作用，满足孩子求知欲的需要，启迪孩子的智慧。

# 85. 要把"不许动手"变为"学会动手"

据说在许多展览厅、博物馆的展品前面都挂有一个"请勿动手"的牌子。唯独在美国供儿童参观的展览馆内的牌子是"可以动手"。从"勿动手"到"可动手"虽然只有一字之差，但是它们却反映了两种性质完全不同的儿童心理观。前者认为孩子是消极的被动体，对于参观者的行动应予限制；后者认为孩子是认识事物的主体，则要鼓励他们动手。

在家庭生活中，人们也可以发现这一类现象。家长往往不分青红皂白地给孩子定下许多清规戒律，这也不许动，那也不许摸。结果，不仅压抑了孩子的好奇心和求知欲，而且也阻碍了孩子认识能力的发展和动手能力的提高。小晖很喜欢玩电动玩具，爸爸便给他买了一辆电动货车。这货车会自动开车，响喇叭、亮车灯、转弯、卸货等全是自动化。小晖对此感到非常高兴和新奇。可是，这辆电动货车玩了几天后出了故障，灯不能亮、喇叭不会响。小晖便想自己去弄个明白。因此他用一些工具把货车拆开来看看。但是，拆开后他不仅不能发现和解决问题，而且还不能还原。小晖的爸爸回来后看到这种情况便骂了他一顿，说他总喜欢搞破坏，并规定他以后不许乱动东西了。过了几天，小晖觉得没什么东西可玩，因此他想把收录机打开听听故事。但是，他还没有完全记住收录机上的按键如何使用。结果把录音键当放音键使用，而把已经录制好的故事磁带洗掉了。爸爸回家后发现原有的故事洗掉了，便打了小晖。其实，孩子年纪小、好玩是好奇心和求知欲强烈的一种表现。他动手的过程实际上是一个学习的过程，是认识事物和世界的一种手段。但是，由于孩子的认识能力低，想不到行为可能带来的后果，有时就会做出一些错事和冒失行动。从教育心理学的观点看，对于孩子好动手的特点首先应该肯定和爱护、扶植，而不应扼杀。对于可能引起孩子好奇动手的事物也应作具体分析，给予正确的教育和引导，简单地打骂是不能解决问题的。对于严重危害人身安全的事物一定要做好防护措施，防止孩子去接触。有些事物虽然没有危险性质，但是结构性能比较复杂，是孩子无能为力的，则应该由大人亲自动手拆装给孩子看看或者告诉孩子，这些东西不能随便乱拆，否则就会弄坏，造成损失。如果是孩子力所能及、对孩子的身心发展有益的事物，可以指导和鼓励孩子亲自动手去学会拆装和使用。这样做可以培养孩子的兴趣，激发孩子的求知欲，发展孩子的想象和创造思维。

# 86. 教孩子学习时要注意从
# 他的生活实际出发

有一位妈妈望子成龙的心情迫切，巴不得儿子很快成为一个数学家。平时她不仅抓紧一切机会教二三岁的孩子数数，而且也还要她的孩子进行加减法运算。有一天早晨，妈妈把早点（馒头）买回家后，孩子也已醒来。妈妈帮孩子穿完衣服、漱口洗脸后便准备吃早饭了。妈妈在几天前听人说，数概念比较抽象，孩子学习时要有具体的实物、图片才容易学会。妈妈看到馒头便灵机一动说："佳佳，你想想看，1＋2 等于几？"孩子一时答不上来。妈妈便接着启发："比方说，妈妈今天买来的馒头，先拿一个馒头给你吃。后来妈妈又拿两个馒头给你吃。你想想看，你一共吃了几个馒头？"这时佳佳马上抢着说："妈妈，我吃不了那么多馒头！"为此妈妈哭笑不得，只好说孩子是个"大傻瓜"。究竟佳佳是不是傻呢？不见得。因为两三岁的孩子，一般情况下要他进行抽象的数概念运算是较为困难的。只有采用实物或模型、图片作教具，孩子才得以完成。所以年龄越小的孩子学计算，越要重视运用直观教具。孩子年纪小，想象力很丰富。但是在儿童早期，儿童的想象与现实却不易分开。他往往会以想象当做现实来对待。因此，一旦在直观教具中有不符合生活实际的因素出现时，孩子的注意力首先会集中到这种不符合实际的因素上，而完全忽视直观教具所需要反映的事物的本质属性。因此，就会出现答非所问的现象。佳佳对"1＋2 等于几"的回答就是一个典型事例。出现这种笑话在孩子来说，是他的认识发展水平低、受情绪因素的干扰。对家长来说，主要是不懂得儿童心理发展的特点，离开了儿童的生活实际去考虑问题。我们在日常生活中可以发现不少类似情况。家长不论在给孩子讲故事或进行品德教育或知识教育时都不能超越儿童的生活实际，尽可能防止与学习内容无关因素的出现，影响孩子的学习。

# 87. 对孩子在认识事物中出现的错误要引导

　　小明的家里有一个大的金鱼缸，饲养了十多条各个品种的金鱼，十分逗人喜爱。对于小明来说，更加视为珍宝。一天，小明的爸爸从菜市场买了一些小鱼回来。妈妈认为油炸小枯鱼更好吃，小鱼便用油炸了。在吃饭的时候，大家正品尝和赞誉油炸小鱼好吃之时，小明突然想起了金鱼。他想，大家都说油炸小鱼好吃，肯定金鱼也是喜欢吃的。因此便顺手取了一条小油炸鱼往金鱼缸里放。说时迟，那时快。当父母发现小明的此种行为并喝令禁止时已来不及了。油炸小鱼已被小明投入了金鱼缸。爸爸认为孩子做了蠢事真讨厌，所以打了小明一巴掌。小明当然受了委屈。因为他认为没有错，他说："好吃的东西为什么只许给你们吃，而不许给金鱼吃？金鱼也一定是喜欢吃油炸鱼的。"细心的妈妈从孩子反问中了解到，孩子年龄小，认识水平低，所以把金鱼拟人化了。这个时候的小孩所以喜欢童话故事或神话故事，就是由孩子的这种心理特点所决定的。对于孩子的这种认识只能给予正确的引导，不能简单从事进行压服。所以，妈妈便拉着孩子的手走到金鱼缸旁说："明明，你仔细看看，有没有金鱼去吃你投下的小枯鱼？"孩子观察了好一会儿，没有一条金鱼游去吃油炸枯鱼。这时，妈妈便问道："平时你用什么去喂金鱼？"小明说是"鱼虫"。妈妈说："对呀！金鱼这种动物只喜欢吃水里的鱼虫。如果是小猫，它就喜欢吃油炸小枯鱼了。以后你要记住这件事情，再不要随便把东西放到金鱼缸里去，不然，金鱼会死的。如果把金鱼都弄死了，那该多么可惜呀！"小明听了妈妈的一番解释，连连点头表示同意。可见，对孩子的一些大人认为是错误的行为，孩子自身可能认为是对的。因此，对此种行为家长不能简单化，只有耐心地说服、积极地引导才有可能使孩子的错误行为得到纠正，认识能力得到发展。对孩子自身认为是对的而实际错了的行为，家长若采取打的办法，会把孩

子搞得糊里糊涂。这只能说明家长在教育方面的无知。这样的家长应该很好地学习儿童心理学及教育孩子方面的知识。

# 88. 对孩子的提问不可厌烦

在一次偶然的机会听到了父子俩的有趣的对话，由于父亲无法回答儿子追根求源的提问而厌烦、发脾气，并把孩子训斥了一顿，使这场对话不欢而散。对话是这样的：

子：李叔叔是交通警察吗？

父：不是，他是一位年轻有为的医生。

子：为什么他老在大马路上悠来悠去？

父：那是李叔叔在谈恋爱。

子：他谈恋爱为什么要找小军的姐姐，而不找自己的姐姐呢？

父：谈恋爱是不能找自己家里的人的。

子：那为什么爷爷找了奶奶、你找了妈妈呢？不都是家里人吗？

由于父亲感到对儿子的这一提问难于回答，便训斥说："你老问这个干什么，真讨厌！"爸爸的这种简单粗暴的态度，使孩子再不敢继续问下去了。但是，他不敢向父亲再问，并不等于他的疑团全解开了，他的好奇心满足了。相反地却更加强了这一好奇心。在适当的时候，他一定会通过别的渠道去释疑解惑，若不小心，还有可能误入歧途。

孩子好问是好奇心、求知欲强烈的一种表现。它既是开发孩子智力极为有利的积极的心理条件，又是进行道德品质和人格教育的好机会。家长对于孩子的种种提问不应该随便应付一下或粗暴地不耐烦地训斥一顿，而应该耐心细致地积极地加以激发和引导。

随着孩子年龄的增长和心理发展水平的提高，提问的内容也逐步地复杂化。这种复杂化的过程实质上就是孩子智力发展的过程。例如，3～4 岁的孩子，多半是为了认识生活周围或自然和社会现象中的万事万物，为抽象思维的发展积累大量的感性材料。所以这个时期的孩子多半问的是"这是什么"、"那是什么"的问题。随着认识向抽象思维的过渡和发展，孩子到了 5～6 岁时便不满足于"是什么"的提问和回答；而是要进一步去了解事物之间的相互关系、联系或者事物内部的本质规律。因此，他便要问"为什么"、"会怎么样"等更为复杂抽象的问题。例如，月亮为什么是圆的？太阳为什么从东边升起，西边落下去？鱼为什么会在水里游？我是从哪里来的？等等。如果做父母的文化水平不高，往往就难于正确而又有趣、巧妙地回答孩子提出的问题。个人修养

好一点的父母会一笑了之、哑口无言。自尊心过强、讲面子的父母则可能怕丢面子而胡说八道或斥责孩子一顿。对待孩子发问的正确态度和方法是：①不论孩子提出的什么问题都应该热情、耐心地倾听，不应该烦躁讨厌，而且要充分肯定和表扬他这种打破砂锅问到底的好问、求学精神。否则，会扼杀孩子求学好问的积极性，降低其好奇心和求知欲，熄灭了孩子的智慧火花。②对于孩子提出的问题能回答，应及时给予回答；若不清楚的问题不要怕伤了面子，降低了威信，可实事求是地告诉孩子，自己还不清楚，在看书弄懂后再回答，千万不要不懂装懂，更不

能胡编瞎说。③为促进孩子的智力发展，父母可以提出一些反问的问题启发孩子自己思索、寻求正确的答案。这样做不仅达到了开发智力的目的，而且还可以激发孩子的求知欲、增强孩子的自信心。④对于孩子的一些问题，还可以指导他做些小实验、饲养小动物、栽培花卉等方法来解决。这样还可以培养孩子从小爱科学、学科学、用科学的兴趣。⑤为了能更好地促进孩子的智力发展，家长一方面要不断地提高自己的文化科学知识水平；另一方面还可以主动地将各种现象中蕴含的问题提出来让孩子去思考。

# 89. 非要孩子画的和老师画的
## 完全一样并不好

　　有一个幼儿园在门口挂着四个具有荣誉性质的牌子。这说明该幼儿园办得不错，教育质量较高。但是，由于该园的领导和教师对幼儿园的性质、任务可能还缺乏深刻的了解，或者受"小学生化"思潮的影响，他们对幼儿园小朋友也布置了家庭作业。一天，一个班的老师给小孩发一个小鸡的画样带回家要求孩子在家里完成一张画。当一个孩子在家里画时，孩子发挥了自己的想象，不仅画了两只小鸡，而且还在小鸡后面画了一个小房，房子两边画了两棵树，在小鸡下面还用钢笔打了许多小点点（孩子说这是小鸡吃的米）。当妈妈进到房子里看到孩子的这画后，不仅不为孩子具有丰富的想象力进行创作画而感到高兴，相反地却批评孩子说，为什么画的跟老师要求的不一样。孩子却说，她喜欢自己想画的画。但是妈妈却不以为然地说，你画的画和老师要求的不一样，老师就会不喜欢，就得不到好分数。只有画得跟老师的一样，老师才会高兴并表扬你。在妈妈的眼里，孩子学绘画，好像是为了得到老师对孩子的好评，而不是为了更好地发展孩子的观察、想象和创造能力。这种要求对孩子是有害的。这样下去，不仅会限制孩子的智力发展，而且还会使孩子的性格变得呆板。正确的方法应该是多鼓励孩子进行想象画的创作，充分发挥孩子的想象力和求异思维能力。只有这样，才有可能使孩子通过绘画达到开发孩子智力的目的。

# 90. 对孩子的兴趣不能禁止只能引导

由于片面追求升学和望子成龙的思想影响，不少家长不愿让孩子去开展一些课外活动和发展兴趣爱好，担心孩子为此而分散精力、影响学习。特别是那些在重点中小学读书的学生，家长对其管得更为严厉。有的采用没收活动器具，禁止孩子参加有关课外活动的做法。这样做，不仅会引起孩子的不满和反抗，而且可能会使孩子背着父母用更多的时间去从事这些活动。因为一个人的兴趣爱好是一种强烈的追求，不可能用禁止这种简单办法去解决问题。关键在于家长要指导孩子恰当地安排好课内学习与课外兴趣活动的时间。许多经验证明，适当的课外兴趣活动虽然占用了一些时间和精力，但是，如果安排得当，不但不会影响课内学习，相反地还可以促进课内学习。因为这种活动可以使大脑神经中枢得到很好的休息，有利于消除疲劳和提高学习效率。相反地，如果不让孩子开展正当的兴趣爱好活动，由于他们旺盛的精力无处用，很可能受到不良环境的影响而染上恶习走向歧途。再说，课外兴趣活动还可以扩大孩子的知识面，启迪孩子的思维，有助于提高学习成绩。所以，把孩子的学习仅仅局限在课堂，而禁止孩子参加课外兴趣爱好活动是一种极不明智的做法。

# 91. 揠苗助长，欲速则不达

现在有不少家长望子成龙望女成凤心切，巴不得一个早晨就能把孩子培养成什么专家、天才之类的人物。每个星期家长除了要花不少时间带着孩子去拜师学艺外，平时还要在家里练习。把孩子搞得精疲力竭，孩子的求知欲和好奇心的火种也被熄灭了，形成了一种消极的厌学情绪。更为危险的是，家长没有意识到这些弊端；相反地埋怨孩子不爱学习，甚至逼着孩子过早地进行"专业定向"。这实际上是揠苗助长、欲速则不达。在一次家庭教育咨询活动中，有一对年轻父母领着3岁的小女孩来询问我们说，他们的女儿现在应从哪方面发展好，是学音乐（含五线谱）、跳舞，或弹琴、拉手风琴，还是绘画方面发展较好。经咨询，原来他们的小女儿在半年前（2岁半）就开始学习这些东西了。他们除了星期天之外，每星期二、三下午还专门带孩子到其他"业余"学校去学专长。尤其是音乐和五线谱的学习，从下午六时至八时。小小年纪的孩子要坐在教室里受两个小时的罪，连陪学的家长都感到不耐烦了，何况是三四岁的孩子呢！所以，开始时，孩子还有一点新鲜感，可是越往后，她就越不愿意学习了。每当学习或练习时，她就要吵着到外面去玩。因为为了练习"专长"，父母剥夺了她和小伙伴一起游戏玩耍的时间。让孩子学点琴棋书画本是一件好事，有利于发展兴趣，陶冶情操。但是，如果以"专家"为目标去要求就有失偏颇。前面的这一对青年夫妻的做法正是如此。对于孩子学习琴棋书画应注意：①明确学习的目的是为了活跃生活、培养兴趣和情操，不应该一开始就把目光盯在"家"

的位置上；②不要同时学习太多项目，一般情况下，一段时间只学 1～2 项为好；③要按照孩子身心发展特点的要求，学习的时间一次不宜超过半小时，尤为年龄小的孩子更要注意这个问题，不然会影响身心健康；④要从引导培养兴趣入手，不能采取强制手段，逼着孩子学，更不要"小学生化"、"专家化"；⑤不论是琴棋书画的哪一项学习，都应该用科学的方法进行指导和练习，不能盲目地蛮干；⑥在孩子全面学习和发展的基础上，到了 5～6 岁，其兴趣爱好有所显露时，可以侧重于某一方面多加培养。但是，千万不能把父母自己的兴趣爱好强加给孩子。

# 92. 家庭台历好处多

有位朋友，别人送给他一个非常精制漂亮的生活台历。这无疑给他的家庭生活环境增添了光彩和乐趣。然而，在台历的使用上他却没有注意从教育功能方面去考虑，他每天早晨起床后的任务之一就是翻一页台历，有什么重要事情也登记在台历上。应该说，这是一种良好生活习惯和工作方式的表现。但是，他不是单身或只有夫妻，家里已经有了一个4岁多的小宝宝。因此，身为家长就应该充分利用家庭生活和采用家庭中的各种用具和物品为教材来教育孩子。遗憾的是，他并没有这样去想和做，而是像小学老师一样，几乎天天在教孩子认读和写数字。其实，聪明的爸爸就不会自己天天去翻台历，而是把每天翻台历的任务交给自己的孩子去完成。这样既可以培养孩子的责任心，强化孩子"我是家庭一员"的意识，又可以在翻台历的生活乐趣中认识1～30或31的数字，甚至还可以把台历当做孩子做好事的记事簿或家庭重大事件的纪要，到了一定时期，对此作一次教育孩子的极好机会。所以，我们的家长，要培养孩子的发散思维、开发孩子的智力，首先就要重视训练和提高自己的发散思维能力，敢于打破各种事情和物品的传统常规功能的认识和束缚，从多功能的角度去考虑和使用家庭中的各种事物。这样，既可以使孩子学到更多的知识，又可以从中得到启迪，发展孩子的智慧，培养他的创造精神。

# 93. 家长对孩子的期望越高，孩子的学业成绩就能越好吗

国际上著名的"皮格马利翁效应"引起了我国教育界的广泛注意和浓厚兴趣。这种理论一经和中国"望子成龙"的家长心态相结合，便产生了一种巨大力量，推动着年轻家长们不惜重金和时间去抓孩子的智力开发。在他们眼里，好像孩子学业成绩的高低完全受家长的主观愿望所控制似的。夏斐之母吴玉霞大概就是一个典型代表。

其实，孩子的学业成绩是受许多主客观因素所制约的。成绩本身是各种因素相互作用的综合表现。从家长的期望到孩子学业成绩的表现这一过程中要受许多中介因素的影响：

①孩子的天赋水平。一个孩子的天赋是遗传决定的。遗传素质的优势决定了这个孩子后天的学习潜能的大小和发展上限的高低。遗传素质优秀者，其学习潜力很大，发展的上限也比较高；如果遗传一般，其学习潜力和发展上限都属中等水平。用同一种性质和水平的学习内容和要求，对于遗传素质优者可能感到不满足、吃不饱；而对遗传素质劣者则可能感到吃力、消化不了。天赋中等的人再勤奋，也只能达到他自己的发展上限，而不能达到天赋优者的上限。那种认为"个个都是神童"的说法，实际上是否定了人类个体之间的遗传差异，忽视了遗传天赋给人的发展所带来的制约作用。所以家长要从自己孩子的实际水平出发，不能提出不切实际的过高期望。否则，这种期望越高，失望会越严重。

②孩子的学习兴趣和学习态度。所谓"兴趣是最好的老师"，说明学习成绩的好坏有赖于学生对学习具有浓厚的学习兴趣。如果学习兴趣浓厚，他会积极主动地去钻研学习，学习成绩自然可以得到提高；如果学习兴趣淡薄，甚至毫无兴趣或处于强迫和武力威胁下的学习，孩子的学业成绩不仅难于上去，而且其独立自主人格也将受到扭曲。如果在孩子早期能培养浓厚的学习兴趣，往往会成为他日后的职业兴趣和高尚理想的"生长点"。可见，要想孩子学业成绩好，不能停留在希望和要求上，而应该在培养学习兴趣上下工夫。

③孩子已有的基础知识和基本技能水平。原有知识水平是学习掌握新知识的基础。如果基础扎实，接受新知识就会感到容易；如果已学过的知识有缺漏，或者学习方法不当，对于新知识的学习就会感到困难、不能理解。在这种情况下的考试，其学业成绩就可能不理想。可见，要想使孩子的学业成绩上去，还要注重基础知识的学习和学习方法的改进，特别是女孩子，由于传统性别角色的影响，其学习方法的指导更加显得重要。

④家长、教师对孩子的态度。家长、教师对孩子的期望过高时，往往会自觉不自觉地产生一种急躁情绪——"恨铁不成钢"。在这种情绪支配下，又会采取一些不尊重孩子人格和独立性的简单粗暴的做法来对待孩子。一旦孩子感到家长的这种不平等的态度就会激发起逆反心理和对立情绪。这种心理障碍必然会导致学业成绩的下降。"皮格马利翁效应"之所以有成效，是因为这种真诚、热情的态度能转化为耐心、具体细致的辅导。然而，许多家长却不能完成这种从态度到方法的转化，当然也就难于具体指导孩子的学习并取得较好的成绩。

我们从上面的分析可以了解到：家长对孩子期望的高低与孩子成绩的好坏不是完全成正比例发展的。如果家长对孩子的期望高又能采取良好的态度和有效方法加以指导，一般情况下，这种期望与孩子的学业成绩可以成正相关的发展趋势；假如家长的期望只停留在口头要求、说教甚至打骂的水平，孩子的学业成绩就不一定能和家长的期望同步发展，相反地可能出现负相关的趋势。可见，家长对孩子期望的确立要切合实际，而且要善于把期望转化为具体细致的指导。

# 94. 为什么孩子的心算能力差了

在一次家庭教育咨询活动中，有位母亲带着一位 6 岁的女孩子来咨询，母亲直截了当地说，老师说她的孩子心算能力差，她自己也觉得是这样。经对孩子当面了解和调查，该女孩在计算方面的确不很迅速。经过交谈了解到，造成孩子心算能力不强的主要原因有两个：一是家长没有很好配合幼儿园的要求，对孩子进行数的组成分解方面的训练，用较多的时间去训练孩子的口头数数。家长认为口头数数越多，数概念就发展越好，心算能力就越强。她不知道口头数数仅仅是最初步的一个因素，还应让孩子掌握数概念的其他几个主要因素，如数的实际意义、数序、相邻数、数的组成分解、数的运算等。由于存在这个片面的认识，所以她就拼命地去教孩子数几千几万。可是，孩子对于最基本的 10 以内的组成分解都不熟练，当然要她进行心算就慢了。心算又是一种抽象的逻辑运算，没有表象作支撑物，小孩会感到更加困难。二是家长没有认识到幼儿是全面打基础的时期，不能有过早的偏科现象。所以她执意让孩子花许多时间去学绘画，而且每次从幼儿园回家后就规定孩子画多少张画才能吃饭。可以说，在家里的时间中，除了吃饭、洗脚看电视外，其余所有时间几乎都用于绘画，没有或很少抽时间去训练孩子的数学能力。任何人的任何复杂的技能都是在实践活动过程中才能得到发展的。既没有天生的天才，也没有不学而成的全才。你不花时间让孩子进行数学学习活动，数学能力当然得不到发展。可见，孩子某方面的能力发展不佳，不能去怪孩子，指责孩子，而是要从家长自身的指导思想、教育态度和教育方法等方面去找原因。

# 95. 孩子学习不好，用打来惩罚和 用金钱奖励都不好

　　小华聪明，接受能力强，但很贪玩。上课时他注意力不太集中，老师讲的东西他便没有很好地接受。而小华的爸爸在家又不太注意辅导他

的学习，因此，小华的学习成绩不太好。他的爸爸没有分析他学习不好的原因，只是要求他期末考试成绩如果都及格了就奖励 10 元钱，不及格就要揍人。到了期末考试完毕，小华两门不及格，怎么办呢？如果把成绩单拿回去，爸爸看到后，不仅得不到 10 元钱，还要挨一顿揍。小华为了不挨打，又可以得 10 元钱，他便用市场上买的一种药水涂掉了不及格的分数，并把成绩改为优良。小华回家把成绩单交给爸爸，爸爸看了很高兴，认为儿子学习有进步，便奖励了 10 元钱。据说，为了避免皮肉痛苦而私自改分数的学生还不少。

目前，有的家长由于工作忙，顾不得管孩子的学习，或者本身缺乏教育孩子方面的知识，对孩子学习不好的原因没有进行分析，并想办法去帮助孩子提高学习成绩，却希望孩子能学习好，就采取小华爸爸的办法，学习好就给钱，学习不好就打。结果不仅没有使孩子的学习取得进步，反而使孩子养成了坏习惯。打孩子本身不对就不需多说。就给钱奖励而言也是有害的。其害处有：①会把孩子的学习目的导向为了金钱。由于金钱具有交换一切东西的职能，对于孩子来说有极大的诱惑力。他为了得到金钱奖励甚至可能以作弊等手段去取得高分来哄骗家长。②孩子有了钱，就会把许多时间精力放在如何花钱方面去，无形中就会分散注意力、减少学习时间、影响学习成绩。③孩子花惯了钱，会养成铺张浪费、不懂得计划开支、不爱惜财物等不良习惯。如果没有钱花，还可能产生偷盛行为。所以，对孩子的学习，用打和金钱奖励都是极为有害的。

# 96. 孩子做作业时不宜听收音机

有的孩子平时做作业时往往打开收音机或收录机、电视机，边听边看边做作业。有的家长对此现象表示支持，认为孩子的注意力可以分配，可以做到一心二用，而且认为听些轻音乐还可以提高兴奋性使作业做得更好。其实，对于自控能力不强的孩子来说，在做动脑筋思考的作业时，一些动听有情的音乐、广播会成为诱因，干扰和分散孩子的注意力，使孩子可能出现各种错漏现象和养成马虎了事的不良习惯。这是因为孩子做作业、看书阅读是一种脑力劳动，它最需要的是有安静的环境，最忌讳的就是各种噪音。科学家们很早就研究过无线电噪声对人的危害。通过一般卫生和环境卫生科学研究所环境质量实验室的多年研究确定，在打开收音机、扬声器、收录机、电视机的情况下，各种不同类型的劳动效率都大大降低，特别是脑力劳动的效率下降更为显著。因为脑力劳动需要不断地维持或提高注意力。如果打开一个扬声器进行一般性广播，那么脑力劳动效率就会下降四分之一到二分之一；打开播送不同节目的两个扬声器时，效率就会降低到原来的十五分之一到十二分之一。从学生的学习过程的效率和节约时间来看，还是从养成孩子良好的学习习惯来看，边做功课边听收音机都是不可取的。家长应该给孩子创造一种安静的学习环境，让孩子能集中精力和注意力完成功课。

# 97. 要注意调动孩子完成作业的自觉能动性

小林每天下午或晚上在家里做作业时，总是做一下玩一下，不是摆这就是弄那，做几个小时还没有完成，而且要妈妈站在旁边监督他才做。妈妈一旦离开他，他就停下来，或玩别的东西，或东张西望，或趴在桌上。妈妈对此非常生气，有时还要打几下小林。小林原来不是这样做作业的。原来是因为小林完成学校布置的作业后，妈妈还要增加许多作业。这种没完没了的家庭作业使小林完全失去了欢乐的童年，没有时间和小朋友们一起去玩。小林想，反正完成了也不能出去玩，不如慢慢做。可是，妈妈却认为做的作业越多、学习时间越多，孩子的成绩就会越好，将来才可望成材。她只从时间和作业的量上去考虑，而没有从时间和作业的质上去分析。一位心理学家了解了小林的心理状态后便告诉这位年轻的母亲，要她给小林规定一个合理的完成作业的时间。若提前完成作业，剩余时间全由孩子自己支配。这种方法使孩子感到有奔头，调动了小林的自觉能动性。从此他不仅不要妈妈在旁边监督，而且每次不到半小时就完成了过去要拖1～2个小时才能完成的作业。当他完成作业时还高呼："我的作业做完了，做完了！"一股烟似的跑到外面去找小朋友们玩。这说明，家长对待孩子的作业，不能总是从家长的愿望去考虑，而应该站在孩子的角度替孩子想一想。这样，既可以减轻家长的精神负担，又可以养成孩子的责任心和按时完成作业的习惯，还能使孩子能享受到童年的欢乐。

# 98. 对孩子的学习，家长要给予的 是辅导而不是包办

有些家长对孩子的学习缺乏深刻的认识，没有看到学习是为了发展思维、开发智力，而认为学习就是要知道结果，得到好分数。因此，当孩子在学习过程中出现一些困难问题时，家长不是启发诱导，让孩子自己去思考、探索和解决问题，而是怕孩子累坏了、疲倦了；有的是没有耐心等待孩子自己思考、自己解答，干脆自己代孩子去演算或写作文、日记。这种包办代替孩子解难题、克服困难的做法不是爱护孩子，而是害孩子。因为代孩子完成作业有害处：①孩子不可能学到真正的知识，而是为以后学习更深奥、更复杂的知识留下缺漏，甚至可能为欺骗、撒谎、作弊埋下祸根；②孩子的智力不可能得到相应的发展，因为智力是

在解决问题的思维过程中才能得到发展的；③老师和学校不能得到正确的反馈信息，不能针对孩子的弱点进行补偿性教育和因材施教；④孩子不能形成应有的学习责任心和克服困难的毅力，相反地会形成怕苦怕累、依赖性强等不良品质。所以，对于孩子在学习和作业中的困难问题，只能给予启发、诱导、分析或暗示，让孩子通过自己的积极思考去求得正确的答案，大人千万不能代替孩子的思维活动。

# 99. "陪读"的利少弊多

　　我们这里讲的"陪读",不是像过去的少爷要奴才陪着上学,而是指父母在家里陪孩子学习。因为现在孩子读书,大概有一半是父母代劳的。从平时的预习、做作业、检查作业、复习直到考试前的集中突击复习,孩子都少不了父母的帮忙。

　　"陪读"耗费家长的精力和时间相当多,有的家长每天晚上要陪读少则1～2个小时,多则2～3个小时。这些家长们认为,家长陪读总比对孩子放任自流、漠不关心好,现在辛苦一点可以使自己将来少担心受吓,少受点罪。这种想法并不错,问题在于对孩子的学习管理的具体要求和方法如何。不管孩子的学习,肯定不好;但是"陪读"管得过死也不好。家长长期"陪读"从近期效果看,似乎帮孩子闯过了学习关,提高了学习成绩;但是,从另一个角度看,又影响了他的学习能力的发展和意志力、独立性以及良好学习习惯的形成。从长远和根本上说,对孩子日后的学习、工作是不利的。对于孩子,重要的是通过学习来发展其学习能力、独立精神和克服困难的意志力,而不应该是扶着他过学习关。许多实践经验证明,在家长陪读中成长的学生依赖性特别强,上课往往不太注意听讲,若是听不懂、作业不会做也不着急,认为反正回到家里有父母"陪读"。由于父母文化水平不高或不懂教学规律,在辅导孩子学习时往往会与教师的要求发生矛盾,使孩子感到无所适从,给孩子的学习带来更大的障碍。据有经验的教师认为,除小学低年级学生外,其他学生家长平时只要关心、督促一下孩子是否按时完成了老师布置的作业，了解一下考试成绩就可以了。孩子作业中的错误让老师去批改。老师从作业中可以发现哪些该掌握的知识已掌握，哪些还没有掌握，问题的关键在什么地方，就可以根据问题对学生进行帮助，让学生把不懂的知识弄懂。如果家长发现了孩子作业做得不对就帮他改正，成为全对的作业，会给老师一种假象，认为学生已掌握了全部内容。可是，考试时，问题就会全部暴露出来。可见，以"陪读"的方式去辅导孩子，其掌握的知识是不深刻、不牢固的，孩子的学习能力也难于得到发展。

# 100. 母子的时间真的能交换吗

望子成龙是所有父母的心愿，无可厚非。但是，在教子成龙的过程中却是各显神通。应该说，有许多家长的教子经验是好的，的确使孩子在各方面都得到了健康发展。但是，也有些家长的教子经验是值得研究的。例如，为了让孩子有更多的时间去看书学习，家长累倒累病了也心甘情愿。有位妈妈说："只要你坐下来好好学习，什么事情都不要你做。"果然，孩子是坐在房里了。孩子的衣服、鞋袜，甚至小手巾妈妈都帮他洗了。妈妈以为这样做就可以进行时间交换，孩子就可以将用于生活自理的时间去好好学习。可是，事与愿违，孩子并没有真正按妈妈的要求在"攻读"，而是做他喜欢的事情。天长日久，养成了孩子不珍惜时间、财物、不爱劳动的习惯和依赖性，一直到成人还不能完全自觉地保持个人生活卫生。可见，孩子从小就应该让他学会生活自理。家长不能因为怕耽误时间就不让孩子做些力所能及的事情。许多事实证明，在家里越是不做事的孩子，他越不会珍惜时间和财物。若规定孩子完成一定的任务，还可能培养孩子的责任心、计划性，使他能更好地支配和珍惜时间，搞好学习。

# 第四编　身心卫生保健与教育

# 101. 要把催眠的噪音改为乐音

不仅是农村，就是城市居民中仍有大量的"摇窝床"在生产、使用。当孩子要睡觉时，护理者便边用脚踩摇窝边唱"宝宝要睡觉了"的催眠曲。看起来好像是护理人员的催眠曲在使孩子入睡，其实不然，最主要的还是摇窝的叮当叮当的噪声和摇晃的动作在起作用，使孩子在晕

头转向的情况下入睡了。这种摇摇窝让孩子入睡的传统方法是有害的：一是摇动时的噪音大，会使孩子的听力受到影响。若时间长，噪音太大还会损害耳膜或造成孩子日后有重听的毛病。二是摇动摇窝时震动过强，长此以往会影响孩子大脑神经系统的正常发育，造成孩子日后的智力低下。三是这些噪音和震动有时还会妨碍他人或邻居生活、学习和工作，对于一些老年人或有心脏病、高血压的邻居也是很不利的，有时会为此而引起一些矛盾和纠纷。所以要把噪声催眠改为乐音催眠。当孩子快入睡时，必须有一个安静的环境，播放或唱一些和谐、柔和的音乐歌曲。这样既可以掩盖周围的一些嘈杂音响，安定孩子的情绪，使他安然入睡，又可以训练他的音乐感和培养孩子对音乐的兴趣爱好，形成美好愉快的情感、活泼乐观的性格。

# 102. 孩子并不是吃得越饱越好

许多母亲认为孩子吃得越多会长得越好。因此，拼命地往孩子口里灌。例如，有一个半岁多的男孩，除了吃母乳外，每天还补充三瓶（一磅半）牛奶、两只鸡蛋、馒头、面条等食物。家长为他能吃而感到高兴。其实，这种喂养方式是不科学的，也是有害的。婴幼儿既没有自我意识，不懂得自己是否吃饱，也还不会说话。只要大人给他喂食他就张口。直到胃肠撑胀得不舒服时，他才会本能地拒食。但是，等到这时已经是进食过量了。进食过量不仅会导致孩子肥胖，更为严重的是会影响孩子的发育和他日后的寿命。早在 20 世纪 30 年代，美国营养学家麦卡就做过这样的对比实验：限制一组小白鼠热量的摄取量，但保证其他必要的营养；另一组小白鼠则自由进食，不给任何限制。其他一切条件两组小白鼠均相同。实验结果：①自由进食的小白鼠175天后骨骼就停止生长；限制饮食的小白鼠300天、500天乃至1000天后骨骼还在缓慢地生长着。②自由进食的小白鼠不到两年半全部都死亡；限制进食的小白鼠活了3～4年。③限制进食的小白鼠的肿瘤发病率也比自由进食的小白鼠低得多。经过多次重复实验，结果都一样。20世纪60年代末，美国老年学家马克赖顿制成一种饲料，内含蛋白质22％，植物油5％，用来喂养两组小白鼠。第一组每天喂20大卡的正常饮食；第二组每天喂10大卡的正常饮食。实验结果，第二组小白鼠的寿命绝大部分比第一组小白鼠的寿命长。它说明，在保证足够营养的前提下，限制机体的热量摄入，可以延长寿命。从上面的两个动物实验中可以得到启示，孩子并非吃得越多越饱越好。因为进食过饱，大脑中的"纤维芽细胞生长因子"的物质比进食前会增加数万倍。这种物质能使毛细血管内侧细胞和脂肪细胞增殖，并能促进脑动脉粥样硬化，引起大脑早衰、缩短寿命。

# 103. 天热时孩子多用冷食有害处

人似乎有一种本能的嗜好，就是喜欢吃甜食，孩子尤甚。大人哄骗孩子的重要法宝之一，就是给块糖或巧克力吃。"夏日炎炎似火烧"的时节，冷食不仅可以降温，而且又因它属甜食，所以更受孩子们的宠爱。冰棒他可以一根接一根地吃，汽水可以一瓶接一瓶地喝。不少父母也错误地认为，大热天，多吃几根冰棒、几杯冰淇淋没啥关系，因此对孩子的这种要求给予充分的满足。暑天，孩子的冷饮得当，可以调节身心，有利身心健康。因为高温情况下，人的胃液和唾液分泌量都相应地减少，肠道在单位时间里分泌的消化酶也减少，导致人的食欲下降。而冷饮可以使人感到凉爽、心情愉快，有利于消化系统功能的正常化。所以，暑天适量的冷饮是有好处的。但是，儿童冷饮过量，会使胃肠骤然受凉，引起胃肠不规则的收缩，蠕动加快，导致腹痛和胃肠内血流量减少、肠内容物未能很好地吸收而被排出体外，造成消化不良等疾病。更为严重的是，过量冷食中的牛奶、糖、淀粉等营养物质进入消化道后，需要一定量的消化液去消化。这就是使这些任性而过量冷食的孩子在夏天只想吃冷食，而不想吃饭的主要原因。这样的次数越多，日子越长，孩子的体质就必然下降。因为冷食中的营养与正餐食物相比，有很大差别。冷食的营养不可能满足孩子在生长发育和学习活动过程中的需要。所以，夏令时节，孩子不宜过多用冷食，最好的办法是少量而多次地喝些温开水。在孩子刚吃完饭或喝完开水时更不宜立即用冷食，以免造成胃肠痉挛和疼痛。

# 104. 无知带来的苦恼和忧虑

现在有许多家长不知道食物中所含的成分是什么，因此，对于孩子的偏食采取盲目迁就和放任的态度，认为孩子喜欢吃什么就让他吃，不要去干预。结果使孩子的发育偏离正常，给自己带来苦恼和忧虑。劲松不喜欢吃肥肉，却非常喜欢吃巧克力。劲松的妈妈为了照顾孩子的爱好，宁可自己吃掉也不让劲松吃一点肥肉。可是，劲松每天几乎把巧克力当饭吃。妈妈也关照得非常细致，只要看到糖果盒里的巧克力不多时，就事先半斤一斤或几包几包地买回来。随着年龄的增长，劲松慢慢成了个肥胖儿，小劲松的妈妈为此大惑不解，感到非常苦恼和忧虑。她找不到劲松不吃肥肉却为什么会成为肥胖儿的原因。事实上，劲松肥胖的根源就在于过量地吃巧克力。巧克力糖是由可可豆制成的。可可豆内含有较多的饱和脂肪酸植物油。巧克力糖实际上是含高脂肪、高糖和一定量蛋白质的高热量食物。所以，不吃肥肉而进食过量巧克力而又缺乏运动的孩子同样可以成为肥胖儿。对于成长中的儿童，进食适量的肥肉或巧克力是有益的。但是，千万不要过量。否则，对孩子的身体健康是不利的。

# 105. 肥胖儿的害处多

近年来，随着我国人民生活水平的提高，城乡肥胖儿的数量已急剧增加。首都儿童研究所调查北京市 892 名儿童的结果，肥胖儿已达儿童总数的 3.3％；辽宁省沈阳市的一次抽样调查结果，肥胖儿占儿童总数的 2.4％；云南省昆明市抽样调查的结果，肥胖儿占儿童总数的 0.91％；其中，1 岁以内的肥胖儿童占 1 岁儿童总数的 2.14％。即使是少数民族和边远山区，肥胖儿也已出现。例如，吉林省龙和县的抽样调查，肥胖儿占儿童总数的 0.11％。然而，肥胖儿逐步增加这一现象并没有引起家长们的重视。最根本的原因是，他们对肥胖儿将会给孩子自身、家庭、民族和国家带来的严重后果认识不足，理解不深。据研究，肥胖儿如果不能得到及时的防治而继续发展下去，将可能出现如下不良后果。

①它将会严重地影响儿童体质的健康发展。肥胖儿的动作一般都比较迟缓、不协调，走、跳、跑的动作发展都要受到障碍。这就必然会导致儿童有机体的各个系统的生理结构和功能的发展受到影响。例如，3岁以前的肥胖儿易患肺炎、毛细支气管炎和腹泻，3岁以后的肥胖儿易有高血压、血胆固醇高、心脏负担过重。3岁以后的肥胖儿在成年后仍肥胖，并易患高血压、动脉硬化、冠心病、脑血管病、糖尿病、胆囊炎等疾病。

②它将影响儿童智力的发展。有人认为，对肥胖儿用不着大惊小怪。这是一种盲目乐观情绪。肥胖儿的动作得不到完善发展，会直接影

响儿童的智力发展。常言说"心灵手巧",一方面说明动作和活动的训练可以直接促进儿童智力的发展;另一方面也表明智力水平的高低又必然反映在动作和活动的灵活性、创造性等方面。我们从现在常用的各种婴幼儿智力测验量表中也可以看出动作发展的重要性。年龄越小的婴幼儿智力测验,测量其动作发展水平的项目就越多。在动作测量的项目中,年龄越小,越是以大动作发展的项目为主。此外,肥胖儿还可能形成一些不良的人格特质(如坚持性差等),也会直接影响儿童智力的发展。

③它将影响儿童人格的完善发展。肥胖儿的体形,一般都不太匀称和美观,甚至出现一些畸形体态。加上肥胖儿活动的动作不协调,往往会引起其他儿童的嘲笑、捉弄和奚落。这就可能使肥胖儿感到自己的人格受到污辱、自尊心遭到损害而产生愤恨情绪,形成内向、孤僻、自卑、嫉妒等不良的人格特质。由于肥胖儿的动作发展水平比一般常态儿童低,甚至体育成绩差而不能"达标",可能经常受到老师或集体的批评指责。这就可能使肥胖儿的自信心下降,进取心消退。他在社交活动和体育活动中所形成的自卑心理等不良品质自然会迁移到文化科学知识的学习上去,直接或间接地影响他的学习成绩的提高和智力的进一步发展。

④它将会影响将来的升学和继续深造。我国国家教委已经作出决定,从 1989 年起,凡体育活动不能达标、成绩不及格者均不能报考高校和升大学。

⑤它将影响成人时的择偶和性生活。爱美之心,人皆有之。肥胖儿的体形往往会使人产生一种不愉快和不舒服的感觉。特别是肥胖女孩成人后,要想找到较为理想的配偶是比较困难的。这不仅使他(她)自身感到非常苦恼,而且家长为此也会感到十分焦虑和着急。如果是人格有些变态的肥胖儿还可能发展成性变态者,失去或减弱社会适应能力。值得注意的是,肥胖儿(尤为重度肥胖儿)成年后即使是结了婚,在性生

活方面也可能难于达到协调和谐的程度。

⑥它有可能影响生育和家庭关系。据研究，肥胖儿成年后，尤为严重的肥胖女性多半是一个不育者。如果不育，不仅影响自己的心理健康，而且也会影响夫妻关系和公婆关系。若以"生儿育女、传宗接代"为基础建立起来的婚姻，有可能导致夫妻离异。夫妻一旦离异，女方若要再婚、找个合适的对象也许会更为困难。

⑦肥胖儿到了中老年期，心血管等各种慢性疾病的发病率会增加。现代医学研究证明，老年期的心血管疾病与幼儿期脂肪过量（肥胖）有正相关趋势。瑞典在 40 年前开始跟踪研究 500 多名肥胖儿童，结果是，其中 55 人死亡，男子平均寿命 63 岁，女子平均寿命 68 岁。死亡率比总人口同年龄组高三分之二，平均寿命比总人口短十年。

瑞典这项研究还证明，肥胖儿童有遗传因素。他们以后是否长成胖子，看来同他们的祖父母和父母，特别是母亲的肥胖程度有关。英国预防冠心病高级研究员迈克·雷纳认为越来越多的证据说明，心脏病实际上在年龄很小时就开始了。

据研究，肥胖儿的形成，除了遗传的影响之外，主要有两个方面的原因。一是缺乏科学喂养知识、合理的食物结构和合理的保健方法，使孩子形成偏食、厌食的癖习造成某些营养过剩；养成不良的进食习惯，缺乏合理的科学的作息制度及卫生习惯。这主要是父母对孩子溺爱和过分迁就所造成的。二是孩子的运动量过小，机体不能合理地进行新陈代谢，导致脂肪沉积过量。这主要是父母和家长对孩子过分保护、禁锢和疼爱所造成的。许多孩子走路的权利往往都被剥夺，更谈不上去坚持正常的体育活动。家长们只要用理智的爱去关怀孩子，用科学的知识和方法去养育孩子，肥胖儿是完全可以得到防治的。

# 106. 对孩子哮喘的"宠"与"厌"的负效应

由于父母缺乏护理常识或孩子受遗传因素的影响，有些孩子小小年纪就得了哮喘病。这给他日后的学习、生活和社交活动都将带来诸多不便。

一般家长对哮喘病的治疗往往只注意药物或衣食住行等方面，却忽视了一个非常重要的心理治疗法，即不重视心理因素对哮喘儿的影响。从日常生活中可以发现，父母对哮喘病儿有两种完全不同的教养态度：一种是娇宠惯养。这类父母往往是以怜悯自疚的态度来对待孩子，尤其看到孩子发病时的痛苦情景更感难过。因此，对孩子的一切要求都给予满足，一切行动都给予认可。这种有求必应、百依百顺的教养结果不仅导致孩子形成任性、放纵的不良行为特点，而且会使孩子以发病作为与家长"抗衡斗争"的武器，从而满足自己的不合理的要求，以达到自己所追求的目的，甚至还可能形成一种消极的条件反射，当他稍有不顺心之时就会诱发哮喘病，使病情加重，增加治愈的难度。

另一种是对孩子的哮喘病产生厌恶冷漠的态度。由于哮喘是呼吸系统中一种较为复杂的过敏性疾病，不仅受各种生理因素特别是体质因素的制约，而且与个人的心理情绪因素有密切关系。孩子发病时，如果家长表现为冷漠、不耐烦甚至厌恶等情绪，势必使本来被哮喘病折磨得痛苦的孩子增加一种心理上的压力和情绪上的不安。孩子就易发怒、好哭、发脾气或形成孤僻、自卑等行为方式。孩子心灵上的这种创伤会因为一点小事就造成情绪不快而诱发哮喘病的发作，尤其是冬春之夜发作起来，会使孩子感到更为痛苦。

可见，对哮喘病的康复，不仅要十分重视用药和衣食住行方面的护

理，而且必须给病儿创造一个轻松愉快的环境，给他充分的爱和热情的关怀，尽量避免给患儿在情绪上造成过度的焦虑和不良的刺激。这样，不仅可以培养其活泼开朗的性格，而且可以减少哮喘病的发作，加速治愈的进程。对幼儿的不合理要求也不能一味地满足，要对他们进行耐心的说理教育，使他知道什么是应该要的、能满足的，什么是不应该要的和不能满足的，从小就养成一些初步的是非观念和良好的行为方式。

# 107. 预防心脏病要从孩提时代抓起

目前，中老年人的死亡中，心血管疾病算是主要死因。在人们的传统观念中，到了有病才重视治病，在还没有发病之前则盲目乐观，不注重防止疾病的发生。加上我国经济不发展、生产落后，人民生活比较贫困，终日忙于糊口，经济困难，当然谈不上对疾病的预防了。得了病能够有钱治疗都不错了。长期以来，人们便自然地形成了一种"轻预防重治疗"的错误观念。它变成一种顽症直接影响着人们的健康水平。从现代科学观念来看，要提高人们的健康水平和民族素质，不能仅仅从消极被动地改善医疗条件出发，而且更要重视积极主动地发展疾病的预防教育，做到预防与治疗并重。只有这样才能从根本上解决人们的健康问题，做到少花钱多办事。例如，比较典型的算是心脏病的防治了。瑞典在 40 年前开始跟踪研究 500 名肥胖儿童。结果是，其中 55 人死亡，男子平均寿命为 63 岁，女子平均寿命为 68 岁。死亡率比总人口同龄组高三分之二，平均寿命比全国人口平均寿命短十年。这些人死亡的最普遍的原因是心血管疾病。在被跟踪的 500 人中，三分之二的人有心血管疾病或糖尿病等其他慢性病。英国预防冠心病高级研究员迈克·雷纳认为，越来越多的实验证明，心脏病实际上在年龄很小的时候就开始了。如果在儿童时期就采取各种预防措施，心脏病是可以得到预防的。现在在5～6岁的肥胖儿童的动脉里就发现有脂肪条纹，到17～18岁时血管里就可能开始积聚脂肪层。我们从上述研究结果可以看出，家长们不要小看儿童期的肥胖所带来的危害。应该在儿童期就要养成良好的饮食卫生习惯。防止出现肥胖或对肥胖儿采取减肥等预防措施。这样，当孩子到了中老年就不致于患心血管疾病而过早死亡。

# 108. 不要被铅毒害了孩子

现在不论是国营商店还是个体户在出售食品时，往往用旧的书或报纸进行包装。许多家长，尤其是工厂、农村，不仅把买来的食品长时期放在旧书报纸中，而且自己还经常用旧书报纸来装各种食品。其原因：一是节约用纸。没有用过的白纸作包装纸，在这些人眼里是太贵了，一算经济账便觉得划不来，不如用旧书报纸便宜；二是更重要的是这些人不知道旧书报纸所包含的种种毒素在危害人体的健康。旧书报纸不仅有可能存活各种传染性细菌，可以直接进入食品为人体所摄入，感染各种疾病，更为严重的是书、报纸都是经过油墨铅印的东西，在纸上残存着铅的元素。用旧书报纸包装食物时，铅元素自然就渗入食品中为人体所接受。孩子读书活动本身就有许多机会接触铅元素，如阅读的各种教材、参考书和课外读物等，都有可能成为污染源危害孩子的健康。如果经常用旧书报纸包装食物就有可能导致孩子严重的铅中毒。据《中国医药报》报道，我国儿童广泛存在低度铅吸收现象。铅吸收是儿童智力低下的重要危险因素。目前由于印刷技术的广泛应用，铅印刷品普遍存在于孩子周围的环境。它可以通过多种途径进入人体。美国有人估计，每年由于铅造成儿童健康和智力损害方面的直接医疗费用达10亿美元。因此，治理环境污染、减少儿童接触铅的机会、培养良好的卫生习惯，将有助于提高孩子的智力和民族素质。所以，家长们千万不要简单地认为旧书报纸方便便宜而滥用，从而使孩子患铅中毒症而影响智力发展。

# 109. 正确对待孩子的多动

有位母亲由于受了一些不正确的宣传的影响，认为孩子好动就是得了多动症。而多动症的孩子可能是学习不好，智力不高。因此她便十分焦急地抱着自己3岁多的儿子到医院去看病。母亲给医生诉说，孩子喜欢哭闹，不论是吃饭还是看书，总是动个不停，肯定他是个多动症的孩子。由于医生自己没有掌握诊断多动症孩子的特点的经验，加上听了无知母亲的一番诉说暗示，这位庸医便轻意地给孩子下了一个多动症的诊断书，并给孩子开了一些治疗多动症的口服药。此后，这位母亲按庸医的嘱咐按时给孩子服药。几个月后，孩子虽然没有以往那样好动，但是，他却越来越显得反应迟钝、运作不灵、精神呆滞了。最后母亲听了他人劝告把孩子带到大医院去检查。检查的结果是孩子因为服药所带来的后遗症。孩子好动本是天性，没什么奇怪的。如果孩子没有多动症而服了此药，就会使正常的孩子变得痴呆似的。可见，作为家长，不要轻意地怀疑孩子有多动症的毛病，更不能随便给孩子服用这一类的药品。

否则，既害孩子，又害自己。

应如何识别孩子是否属于多动症呢？据了解，有多动症的孩子，在3岁左右时往往会在睡觉时哭醒，要大人在旁伴着才能入睡。平时食欲差，对任何食物都缺乏兴趣。较为突出的是注意力不集中、不稳定。对任何事物、游戏或人的注意力都不超过数秒钟。沉默易怒。往往会盲目地到处乱翻各种东西。由于动作不协调，特别容易打碎物品。在学习方面会感到困难很多，难于适应一般的学习常规要求。为此，经常受到伙伴和老师的批评、排斥，使他变得更加心烦意乱、情绪波动。有的医院或咨询单位设有儿童多动症专科门诊，用较科学的诊断手段进行测定，可以更准确具体地了解孩子多动症的表现，为孩子的行为矫正提供可靠的资料。

对于确实有多动症的孩子，家长首先要有一个正确的认识：多动并不意味着智慧低下。它可随年龄增长而逐渐消失。对多动的孩子，要给予热情耐心的照顾和教育，不能歧视、讽刺、挖苦和打击。对他的行为不应加以限制，不强制孩子做思想上没有准备的事情。要尊重孩子的个性，发挥孩子的兴趣、爱好和特长。尽量不要和学习好的其他孩子相比较，而应该用他自己的进步进行前后比较，增强其自信心。要做好伙伴的教育工作，使伙伴也能同情、理解和尊重多动症的孩子，热情地和他一道游戏玩耍，鼓励和帮助他进步。与此同时，慎重地给孩子服用一些药品作为辅助治疗。

# 110. 孩子到了两岁以后最好 不要再穿开裆裤

　　许多家长为了避免麻烦，孩子到了两三岁时还给他穿开裆裤。更有甚者，在炎热的夏天，人们还可能看到许多男女孩子还赤身裸体东奔西跑地在玩耍，这也可能是因为天气热的缘故。但是，这些父母都仅仅从孩子大小便和家长减少麻烦的角度去考虑，而没有从孩子的卫生和疾病的防治方面去想想。根据孩子生长发育的特点，1岁左右的小孩，由于大小便还不定时，有的孩子还不会用语言或手势表达自己要大小便的意向，为了大人护理上的方便和使孩子保持清洁卫生，需要穿合适的开裆裤。但是，随着孩子长大到两三岁并已经学会定时大小便的习惯，孩子的大小便动作发展较为成熟时，就应该逐步过渡到穿满裆裤为好。这是因为：①2岁左右的孩子非常喜欢在地上乱爬、乱滚，或坐在地上"过家家"，玩泥沙或做其他游戏，如果穿的是开裆裤或裸体，外生殖器暴露在外，泥土沙石或其他脏物等就容易进入尿道口、阴道口和肛门，尤其女孩子的尿道短，细菌更容易经尿道口进入膀胱或肾盂，引起急性膀胱炎、肾盂肾炎，表现为高热、尿频、尿急、尿痛、血尿或脓尿。②穿着开裆裤或裸体时，外生殖器暴露在外，小孩有时会有意无意地玩弄生殖器。例如若有几个小孩在一起玩时，有时可能会玩"性游戏"；当孩子一个人独自呆着无所事事时，也可能会出现玩外生殖器的现象，甚至会发展成为儿童手淫。在许多人的观察中发现，孩子在玩弄外生殖器时，男孩阴茎可以勃起，女孩可以出现脸部潮红等类似性高潮的现象，可以产生一种愉快的性感觉，无意中就强化了孩子的此种性行为并转化为有意识的性行动，养成手淫的不良习惯。这种现象在家庭和幼儿园亦可经常看到。③孩子穿着开裆裤，常常在室外玩耍活动，特别是天气寒冷季节，前后都不保暖，臀部露在外，腹部又很容易受凉，易患感冒。有的孩子经常腹痛可能与此有关。所以，孩子到了 2 岁左右以后最好要逐步过渡到穿满裆裤。

# 111. 婴幼儿不宜长时间看电视

现在电视机已经进入了千家万户，成为人们娱乐、休息和学习的重要工具。但是，有的家长不从自己孩子的实际情况出发，轻信别人的经验，让孩子从八九个月开始，就天天看电视，有时连续看一个小时。他们错误地认为这是发展孩子的观察能力，是给孩子训练视听、开发智力。适当地让孩子看些适合婴幼儿的电视节目是有益的。但是，婴儿正处在迅速生长发育的时候。有机体的各个系统、器官容易受到外界环境的影响而发生畸变。就电视而言，虽然它具有形象逼真、生动具体、活动多变、情感交流等特点，受到孩子们的欢迎，使孩子可以从中受到启迪和教育，但是，不可否认，孩子每天无选择地长时间看电视，对孩子的身心健康发展并没有好处。①电视机的电磁辐射和光对孩子是一种严重的污染源，它可能会使孩子的生理和行为异常发展。研究认为，电磁波可以引发人的高血压、心脏病、神经衰弱、白血病等疾病。光污染可以导致眼睛和皮肤的损害，因为电视机在播放期间会造成室内尘埃和微生物的活动并影响到人体表面，孩子若经常看电视，其机体的生长发育

（包括眼睛、皮肤）必然会受到损害。②我国目前的电视节目适合婴幼儿看的很少。如果婴幼儿也和大人看一样的电视节目，会使婴幼儿过于早熟，对其日后的身心发展是极不利的。所以，不宜让婴幼儿长时间地看电视。婴幼儿看电视应注意如下几个问题：①电视机的图像必须是清晰、稳定、稍大些。②电视机与人的距离要在 2 米以上。③观看的位置要保持在视觉水平线上。④观看时要经常活动，不宜总是固定在一个位置和方向。⑤看完电视后要洗脸，做做眼保健操。

# 112. 应该让孩子保持心理平衡

由于孩子的气质和性格特点的不同，当孩子受到了委屈和感到不满时，有的孩子表现为大发脾气、踢桌椅、摔东西；有的孩子则表现为发

闷气，不说话。不少家长对于孩子的这种种表现往往多采取批评或训斥的态度，甚至要求孩子像大人对待挫折一样来进行自我安慰，禁止孩子以各种形式发泄自己的不满情绪。这些做法是不利于孩子身心健康的。其实，任何人的不满情绪都是心理失去平衡的表现。它会使人的心理承受能力下降，自我控制能力削弱，内心感到极大的痛苦和难过。只有通过一定的方式使其发泄出来，才能恢复心理平衡。孩子也是如此，不让不满情绪发泄会影响孩子的身心健康。所以，父母应该了解，当孩子有不满情绪时，要给孩子进行疏导或给他创造条件和环境，用无害的方式进行发泄。例如，打击沙包、打球、跑步、练拳击或武术、听听音乐、观看电影电视、画一幅怒容满面的画，或者劝孩子把所有想法和看法都向父母等人倾诉。这样就可以使孩子恢复心理平衡，保持正常的生活、学习和工作。

# 113. 孩子玩耍时摔了跤不能打

有一位父亲，当他带孩子到医院去检查身体时，由于要按先后顺序排队，所以，大人、小孩都在外面等候。可是，孩子闲不住，就在医院门口的石阶和花坛上往下跳着玩。孩子只有四五岁，平衡能力发展不完善。他在一次往下跳时摔了跤。当孩子自己爬起来后，这位父亲不仅不给孩子安慰和鼓励，指导孩子如何正确地往下跳，反而打了孩子一巴掌，还说叫你不跳你偏要跳。还有的家长，当孩子跑着玩时不小心摔了一跤，也是一巴掌。而且还不断地唠叨说叫你不跑你要跑……好动、爱玩是孩子的天性，也是孩子发展的必需。他们不可能像大人一样的一坐几个小时不动。孩子只要是处于清醒状态时，如果不给他提出一些具体明确的任务让他去完成，他就要不停地活动和玩耍。孩子小，在玩的过程中，出现这样或那样的事故是不可避免的，甚至可能是有益的。例如，孩子跑时摔了跤，父母应鼓励孩子自己爬起来继续跑。这样可以培养孩子坚强的意志。孩子跑完之后，父母应当安慰孩子，告诉他玩时要小心，还要鼓励孩子不怕摔跤，而不应该在孩子摔了跤时还要加一巴掌。因为这样做，一方面会影响孩子克服困难的意志，形成胆小的性格；另一方面也会影响孩子活动的主动性和积极性，甚至影响孩子身体的健康发展。

# 114. 吃饭时要让孩子心情愉快

一天，虎子的伙伴们邀他去玩打仗的游戏。当他们玩得正高兴时，虎子的妈妈叫他回去吃饭。尽管已到了吃饭时间，但是，虎子并不觉得肚子饿。他舍不得离开这些伙伴们和中断打仗的游戏。因此，他就没有及时回家去吃饭，而继续和小伙伴们玩打仗的游戏。游戏结束后，虎子回到家里。他看到已摆好的饭菜便马上去洗手并准备吃饭。这时妈妈说："为什么喊你回来你不回来？怎么这么不听话？"虎子说："我们的游戏还没有完，就不想回来。再说，那时肚子还不饿。"妈妈听了这些话更生气地说："你还敢顶嘴！好，你肚子不饿就不准你吃饭了。这还了得，大人的话你都敢不听了，非要惩罚你一次不可。"就这样，虎子正准备吃饭时被妈妈训斥了一顿。看起来，妈妈对虎子的教训是有理的，要小孩听大人的安排。不然，孩子就不能养成良好的生活习惯。但是，从孩子的健康来看，这种教育却不合时机。因为人在进食时必须保持愉快的情绪，才能使消化系统正常地工作，保证食物能更有效地消化吸收。如果一个孩子在吃饭时受到了父母的打骂、惩罚，孩子的情绪就会产生过度的焦虑、紧张，肾上腺激素分泌失常，导致整个消化系统、循环系统的障碍，食欲会下降，从而影响孩子的进食量和更好地消化吸收。如果经常出现这种现象，还会使孩子得消化不良或胃病等方面的毛病。消化系统功能障碍必然会影响身体其他系统的功能，造成体质下降，影响智力与人格的健康发展。可见，在孩子吃饭时打骂孩子是十分有害的。如果孩子饭前确有失误，家长也不要在吃饭前处理，更不能当孩子正吃得有味时去打骂孩子；而应该让孩子能心情愉快地进食，而不是背着思想包袱或气鼓鼓地进食。待孩子吃完饭后，把事情弄明白了再作处理。只有这样才能使孩子认识自己的不足，起到教育作用，也不会影响孩子的健康。

# 115. 勇勇的孤独症来自家里的 五年"独居"生活

　　5岁的勇勇聪明、文静又讲卫生。看起来，他比小丫头还水灵！随着勇勇年龄的增长，家长们慢慢感到自己难于教育孩子了。尽管最疼勇勇的奶奶不愿让他离开自己去上幼儿园。但是，奶奶自己也无能为力，只能就此作罢。勇勇打从上幼儿园起，奶奶就发现勇勇变了。他每天回家后不说话，饭也不想吃，还老泻肚子，瘦了很多。奶奶骂幼儿园是个鬼地方，甚至说老师和别的孩子不知是如何欺侮勇勇的。其实，这所幼儿园不仅是重点幼儿园，而且环境优美，设备齐全，教职工都认真负责，孩子也健康活泼。勇勇在幼儿园度过了三个月时间却一直未能适应。老师反映，勇勇说话很少、不爱动、不合群，常常眼泪汪汪地望着窗户发愣。问他想什么，他不开口；拉他出去跟小朋友一起玩，他不愿去还嫌外边太吵。他有时为一点小事就哭起来。问他为什么哭，他总是说小朋友欺侮他。其实，并非如此，经心理健康检查，勇勇的心理发育不健康，患有"孤独症"。难道勇勇的孤独症是上幼儿园后形成的吗？不是。而是勇勇的奶奶和父母亲给勇勇安排的五年"独居"生活所养成的。勇勇是个早产儿，出生后在医院里的保温箱里度过了一段时间才出院回家。在 1 岁左右又生了几次重病。所以家里的人都十分疼爱勇勇，生怕勇勇受了一点委屈。勇勇这朵花蕾就是在这种"扩大了的温箱"中生活了五年。房间里的确是鲜花四季常开，地面铺上一层华丽的地毯，所有的桌椅板凳等家庭用具几乎都是没有棱角的。他要吃的点心都有，要玩的玩具可以尽情地玩；要看自然风光也用不着出门，满墙都挂有动植物图和风景油画；要听音乐、看什么电视应有尽有。家里没有任何争执，是一派和谐温馨的气氛。为了防止勇勇感染疾病或沾上坏习气，他吃用的食物、餐具要一再消毒；穿的衣服要特别暖和；受的教育可以说是纯而又纯，除了接触家长之外，几乎与世隔绝。勇勇在这种"社会剥夺"的环境中得到的是家长无微不至的关怀照料，自然就扼杀了他刚刚萌发的自立自主性，形成强烈的依赖心理。他一旦离开家长进入幼儿园，便感到恐惧、焦虑。他不会与人交往，害怕结识新伙伴，甚至拒绝老师的关心，一心想着回家，但又不可能。这就使他的心理失去了平衡，感到惶惶不可终日，得了精神性腹泻和孤独症。所以，勇勇的这种心理异常现象不是幼儿园造成的，而根源在于家庭中五年的"独居"生活。不过勇勇年纪还小，可塑性大，如果家长能积极配合幼儿园老师的工作，引导勇勇多参加小朋友之间的集体活动，对其点滴进步都加以鼓励和表扬，用不着多久，勇勇就会喜欢幼儿园和小朋友。只要勇勇的进食和活动正常化了，精神性腹泻自然就会自愈。

# 116. 不让孩子过量用甜食有利
# 提高学习成绩

　　孩子喜欢吃甜食是众所周知的。但是，过量的甜食给孩子带来的害处并不为人所知。因此，不少独生子女家长为了求得一时安宁，让孩子能够高兴，便有求必应地答应孩子的要求，一样样的甜食和添加剂总是不断，逐步成为一种嗜好。其结果不仅没有使孩子更加健壮，相反地，使孩子食欲大降、营养不良。从而导致孩子的注意力不集中，思维反应不灵活，学习成绩下降。美国纽约有一项以 80 万名学龄儿童为对象的研究，发现只要减少儿童食物中的糖分及人工添加剂，学业成绩可以提高 16％。这项研究的负责人阿力山大·斯劳士医生认为，糖分食品及人工添加剂并不是儿童学习成绩下降的直接原因。主要是由于进食糖量高和人工添加剂多的食物，会使儿童丧失食欲，最后导致营养不良，影响健康。体内缺乏卡路里并不会影响脑力，而缺乏某一种重要的营养要素才会导致脑力受损，学习成绩下降。他认为，只要以"正常"的食品代替含糖量高的和人工添加剂量大的食物，孩子营养不良的情况便可以得到改善。他在这项长达四年的研究中，第一年时，把儿童食物的糖量减低，学业成绩改善了 8.3％；第二年，剔除含有人工香味、人工色素的食物，儿童的学业成绩又增加 3.8％；第三年，食物维持不变，儿童学业成绩略为下降；第四年，把含有防腐剂的食物剔除，儿童的学业成绩又增加 3.7％。所以，斯劳士认为，父母如果要想自己子女的学习成绩有所进步，便要留意他们的饮食，特别要在食物中降低含糖量和人工合成添加剂的成分。

# 117. 让孩子有一定的午休时间

　　孩子好动，是因为他的求知欲旺盛、好奇心强烈，想把大千世界的万事万物一个早晨就能认识无遗。所以，表现得精力充沛。他们除了吃饭和晚上睡觉之外，几乎不知疲倦地在玩耍和做游戏活动。加上孩子的神经系统发育还不完善、自控能力差，玩起来就没完没了，真的达到了废寝忘食的程度。家长们对此当然并不在意。但是，在家长眼里，午睡可以不必要，而午饭非吃不可。所以许多孩子经常是慌忙吃罢饭又冲到室外玩去了。家长对此也习以为常。这几乎成了一条约定俗成的规矩：孩子和家长都共同认为可以不要午睡。甚至有的家长还为了避免把孩子留在家里打搅自己的午睡，干脆把孩子放逐到外面去闹或者把午睡当做对孩子的一种惩罚手段，使孩子感到午睡是痛苦的精神负担。这些都是对午睡的一种错误的认识和做法。孩子没有午睡，中午玩得精疲力竭，会造成下午的学习效率下降。据研究睡眠的科学家对睡眠实验观察研究的结果证明，人的午睡是由人体内部的生物节律所规定的。大多数研究人员都认为，午睡之后人们会感到精力充沛，能应付更多更复杂的工作和学习任务。因为此时的思维能力大大提高，注意力更为集中，情绪更为高涨，并能对各种复杂的情况迅速作出决定。这样便可以大大提高午睡后的学习效率。对于儿童来说，午睡还可以促进生长发育。因为儿童在睡眠期间，生长激素的分泌特别高。所以，家长不应放纵孩子在中午尽情地玩耍，而应该养成孩子有一定时间午睡的习惯。

# 118. 让孩子有一些文体活动的时间

　　社会上知识贬值、读书无用的冷风虽然不断地袭击着人们，但是，家长们望子成龙、追求升大学的思潮并没有减退。他们看到孩子埋头攻读就喜在眉梢；若是发现孩子喜欢文体活动、玩耍、游戏或琴棋书画活动时，就满脸乌云、忧心忡忡，担心这些活动会影响孩子的学习。因此便给予劝告说："学习吧！别贪玩了！玩不出好成绩的，只有坐下来多看书，你将来才能考上大学。"为此，家长们总是左叮咛右嘱咐。在这

些家长的眼里，文体活动好像是浪费时间，得不偿失。其实，这是一种片面的认识。学习效果的好坏，不完全取决于坐下来看书学习时间的多少。若是在心不在焉、生理与心理过度疲劳的情况下，学习时间再长，不仅学习效率不高，反而会影响孩子的身心健康。若是精力充沛、注意力高度集中的情况下，不仅学习的速度会加倍，而且效率也会高得多。再说，脑力活动有其自身的规律，它需要经常变换活动方式，学习与体力活动交替进行是一种积极的休息方式。就文娱体育活动而言，有利于锻炼和开发右脑。爱活动的孩子，在大量的体育活动中，可以发展他们的空间认识和想象能力，容易形成右脑型思维方式。右脑得到了发展，它就可以储存多种事物的视觉、听觉、运动觉方面的信息，为认识能力的深化和创造力的发展打下良好的基础。所以，家长不应该把孩子成天都关在屋子里看书，而应该给他一些文体活动的权利。

# 119. 要科学地对待"食不言"

我国传统的"家训"是"食不言、睡不语"，即吃饭睡觉时不要说话。从心理卫生的观点看，睡觉不讲一些过于兴奋或引起捧腹大笑的话是对的。吃饭时大家都"埋头苦干"、鸦雀无声地把饭往口里送却会形成冷清沉闷的心理气氛，使家庭生活缺乏生气和活力。这不符合心理健康的原则。吃饭时允许孩子和大人说话的好处是：①吃饭时若不说话，可能会形成一个狼吞虎咽的进食习惯，影响消化功能。相反地，说说话，有利于细嚼慢咽，使食物能得到更好的消化吸收。②可以交流感情，增进彼此的了解，达到精神愉快，使中枢神经系统的食物中枢兴奋性增强，促进肠胃分泌液增加，使消化功能处于最佳状态。因为一家人在一起吃饭，多半是大人小孩都在自己单位学习、工作之后回到家里聚集在一起之时。彼此都有不同的见闻、感受和体验。每个孩子都希望将自己的欢乐和幸福讲给家人分享，一旦有了什么愉快的事情或听到什么好新闻、好消息，孩子会迫不及待地要告诉亲人。如果"食不言"的话，孩子这种愉快的心理就会受到压抑而不舒服。若是谈出来了，不仅他本人感到舒畅，大家也会感到愉快。大家在这种愉快的心理气氛下，身体的消化系统的功能可以得到最好的发挥。相反，吃饭时无声无息，毫无生气，会使人感到沉闷、压抑、多思，在一定程度上会影响消化系统功能的正常进行。③吃饭时交流一下各自所获得的新信息，谈一些轻松愉快的话题还可以给人的智慧以启迪。不过在吃饭时说话应注意如下几点：①说话时要轻轻地讲，不宜开玩笑，更不宜捧腹大笑，以免饭菜误入气管造成事故。②不应谈论一些恐惧、忧伤的事情。③不要在吃饭时批评家人和小孩，以免引起争吵或不愉快的情绪。④在吃饭时不能惩罚孩子、打骂孩子。⑤说话时应远离桌上的菜碗，以免说话时不注意将口里的唾沫或饭菜掉进公用菜碗里。

# 120. 对孩子指责过多的不良后果

常言说："人非圣贤，孰能无过。"尤其是小孩，没有过失是难于想象的。但是，有的家长对孩子的过错，哪怕是一点点失误也好像是不可容忍的。特别是那些望子成龙、望女成凤的家长更是如此。在他们看来，孩子表现好，听话、做好事，完成好任务是应该的、理所当然的。

孩子若未按家长的要求去做，甚至违抗家长的命令，则是大逆不道的。比如，孩子不小心打破了一只碗或弄坏了一件学习用具、家具，则会被骂为是败家子；若是作业马虎、分数不高，使父母感到失望时，则斥之为蠢才，没有出息。总之，对于孩子不是从积极的方面鼓励他们进步，而是这也看不顺眼，那也看不习惯，总是挑剔指责个不停。殊不知，这种没完没了的指责，孩子不但没有听进去，相反地，这些批评指责却成了孩子的不良行为和毛病的强化剂，使这些缺点和毛病变得更为牢固而难于改正。这是因为，孩子有一种心理发展倾向性。你越是批评指责他某个方面的不是，他就越是往这方面得到发展。例如，有个孩子稍微有点顽皮好动。这本是童年天性。可是，他的父母就以"小老头"的标准要求孩子，老是批评孩子顽皮好动。结果，孩子后来确实形成了一种顽皮好动的不良行为方式。所以在孩子的教育中，应多发现孩子的长处并对此表现出非常的高兴或是创造一种鼓励孩子的气氛。对孩子有任何好的表现，不论是大事还是小事，都应给予恰当的赞许和鼓励。对孩子的批评也不宜集中在某一个方面，而应该是多指导他怎样努力，教给他规范化的行为方式。发现孩子有问题也不宜过多指责批评，而是要通过教育引导，让他在实践中自己改正自己的缺点。

# 121. 重男轻女的教育既害女又苦儿

某村 18 岁的少女，由于父母重男轻女而受到不公正的待遇，服毒自杀。她在学生时代，学习成绩总是名列全班之首。自己也向往读完高中再读大学，将来做一名女工程师或女作家。可是，刚读完初二，父母

就不让她继续读书了，说什么女孩子读书没有用，学一手种田持家的本事比什么都强。还说她是老大，家里劳力少，要她回家帮父母种田。可是她的两个弟弟的学习一直都不好并不愿意学习。但是，父母都坚决不让弟弟停学，说男孩子不读书将来没出息。这位少女就这样停学种田。她在家种田得不到父母应有的关照，把她当牛马使用。在一次拉车送粪的劳动中，她累得满头大汗，气喘吁吁。母亲不仅不让她歇一会儿，就是想喝口水也挨骂。她想："这样累死累活地干，还遭爹妈打骂，就因为自己是女孩，何必受这份苦呢？干脆死了算了。"她回到家里，便将一瓶"一〇五九"农药喝下去了。儿女都是父母的骨肉，如果这位姑娘的父母不是重男轻女，或许可望女成凤。遗憾的是，重男轻女的传统封建观念却既害了女儿，又苦了儿子。到头来女儿自杀了，儿子也未能上学，父母的殷切期望便成了痛苦和失望。在我们的社会主义社会中，不论是男孩还是女孩，都是祖国的下一代，是四化建设的人才，都应该得到应有的培养。

# 122. 不可怠慢孩子的朋友

　　有位 9 岁的姑娘，在一次骑自行车时出了意外事故，小腿负伤在家养病。她的两位大朋友（14 岁的姑娘）来家里看望她。做父亲的对客人只说了一声"请坐"，自己却不站起来，照旧做自己的事情，也不给客人冲茶。两位客人一直拘束地站在那里和姑娘说话。当客人走后，姑娘情绪低沉地对父亲说："您对客人太冷淡。"后又伤心地说："明天您送我到姥姥家吧！我不愿呆在您身边，我想妈妈……"姑娘为什么如此伤心呢？因为父亲怠慢了她的好朋友。小孩也和大人一样，朋友和友谊是她生活、情感、人格的重要组成部分。所以，她非常爱护和珍惜这份友情。怠慢她的朋友，特别是在她最需要朋友的时刻，就等于是不尊重甚至是污辱了她的生活、她的友谊、情感和人格。因此，做父母的，在教育子女如何待人接物时，不仅要重言教，更要重身教。首先自己要做到礼貌待人。凡是家人的朋友或来访者，不论是大人，还是小客人，都应该彬彬有礼，热情相待。孩子生活在这种气氛中就可以自然地学会尊重他人的友谊和情感，恰当地处理好社交中的各种关系，使孩子能健康地成长。

# 123. 不要烦孩子啰嗦

孩子学会说话走路后，扩大了活动范围，增加了社交频率，认识了更多的事物。他不仅从中感受到自己已慢慢长大，而且喜欢将自己成功的体验和喜悦的心情向大人诉说与分享。只要他外出回到家里后总是滔滔不绝地给大人谈论他在外面的所见所闻。这是增强母子情、发展孩子

智慧和人格的极好机会。但是，有不少家长面对这样的孩子，不是满腔热情、耐心地倾听，而是采取冷漠、烦躁甚至训斥的态度，给孩子的幼小心灵留下了创伤。大人认为是微不足道的生活琐事，在孩子看来往往可能是一件重大事件。所以，作为家长不应该说"这算什么，别大惊小怪"、"我知道了，别啰嗦"、"我又烦又累，不想听你说"、"我忙死了，你别再来捣蛋"等。相反地，应该仔细耐心地倾听他的诉说。你不仅从中可以了解孩子的思想认识和兴趣倾向，有针对性地进行教育引导，而且可以了解他对事物的见解和评价，鼓励他在成功的实践活动中逐步树立起自信心和自尊心，保护和发展孩子探究事物的创造精神。

# 124. 不宜在他人或众人面前说孩子的不是

弯弯已经 4 岁了，聪明伶俐、活泼可爱，见到人总是一副笑脸、彬彬有礼。一天，他随着妈妈去看一位朋友。这位朋友见到弯弯是一表人才，便不断地夸赞他聪明能干，将来一定很有出息。妈妈听了这些话，喜在眉梢，甜在心里。但是，妈妈一想，认为朋友这样夸奖孩子，会使孩子产生骄傲情绪。因此，便急中生计地找点弯弯的缺点说："聪明有什么用，天天晚上还尿床呢！"这一下，弯弯感到最不好意思，甚至认为是最丑的"丑事"——尿床被别人知道了。这个秘密只有妈妈知道。可妈妈却把这个秘密公开在别人面前，使得弯弯红着脸、低下头，恨不得钻到地洞去躲起来。本是一次愉快的访友，一下子却使弯弯烦躁不安，便不断地催促着妈妈快快回家。由于弯弯的自尊心受到了伤害，弯弯在回家的路上还哭丧着脸给妈妈提意见，说妈妈不该说尿床的事，以后到幼儿园时会有别的小朋友笑话他。弯弯的意见是对的。妈妈不应该在别人面前说孩子的痛处。何况尿床可能是一种病，而不是什么缺点。因为这样做，伤了孩子的自尊心。若是内向性格的孩子，还可能形成孤僻、不合群、倔犟的性格。要教育孩子不骄傲，也不能在他人面前说孩子的不是。这样会使孩子感到难堪。对孩子的缺点应该个别进行帮助。做家长的在他人面前应该给孩子留点面子、培养他的自尊心。

# 125. 家长不应该把孩子当做
# 自己的"出气筒"

　　小东是个天真活泼的孩子，待人彬彬有礼。他年纪虽小，象棋却下得不错。但他的父亲却是一个缺乏修养、脾气暴躁的人，无论对谁都是喜怒无常。有时把自己对别人的不满情绪发泄到孩子身上。有一天，他在众人面前夸耀自己的儿子聪明伶俐、棋术超人。在众人要他与儿子杀一场看看的激励下，父亲当即便摆上棋盘和儿子对弈起来。儿子的棋艺本来就比父亲高，加上他的好胜心特别强，结果，不到二十个回合，就把父亲杀得一败涂地。围观的人纷纷竖起大拇指并点头称赞小东。做父亲的心里当然也感到自豪和得意。与此同时，偏偏有位青年工人的见解与众不同，冷冷地冒出一句讽刺挖苦大人的话说："孩子的棋嘛还算凑合，可是，当爸爸的只有这么个水平就太差劲了。"此时，小东爸爸感到在众人面前实在太丢脸了，顷刻间脸上感到火辣辣的不是滋味，但又不好对说讽刺话的人发怒，于是便把满腔怒气都发泄到儿子头上去。他突然伸出手，打了小东一巴掌，并喃喃地说："叫你让老子几个棋你不让，等会儿看老子不打断你的手才怪呢！"小东就这样在这位喜怒无常的父亲的教训下，委屈地哭着走开了。做父母的对孩子具有比自己强的特长应该感到高兴和骄傲，"青出于蓝而胜于蓝"嘛。为了照顾自己的面子而无故在众人面前打孩子就不对了。有的家长在外面遇到不顺心的事，回到家里也拿孩子出气。这不仅会造成家长与子女之间的情感危机，还会给孩子的人格正常发展带来不良影响。所以，父母应该加强自我修养，不论在工作中还是其他方面，遇到有不顺心的事时都要冷静，不要轻易在孩子面前流露出来，更不能把孩子当出气筒，把自己不愉快的情绪发泄到孩子身上。